MARTIN SELBER · OOCH'N MACHTEBURJER

Martin Selber

Ooch'n Machteburjer

dr. ziethen verlag
Oschersleben

Die Deutsche Bibliothek – CIP-Einheitsaufnahme

Selber, Martin :
Ooch'n Machteburjer / von Martin Selber – Illustrationen von
Christoph Penneke, Oschersleben : Ziethen, 2010
ISBN 978-3-935358-17-0

© dr. ziethen verlag
39387 Oschersleben, Friedrichstraße 15a
Telefon (03949) 4396, Fax 500 100
www.dr-ziethen-verlag.de, info@dr-ziethen-verlag.de
3. Auflage, 2010

Satz & Layout: dr. ziethen verlag
Druck Halberstädter Druckhaus GmbH
ISBN: 978-3-935358-17-0
Gedruckt auf 100% chlorfrei gebleichtem Papier.

Ooch'n Machteburjer!

Ich gloobe, ich muß Sie vornewech erst mal was erklär'n. Sie. Ich bin en Mensch mit weit offne Ohren. Schon wie ich noch kleen jewesen war, hat meine Mutter von mich jesoacht: „Der hört alles, was der nich hören soll, passen se bloß uff mit den!" – Es macht ja man ooch zu ville Spaß, andre Leute was zuzuhör'n.

Denn weeß man immer jleich, wodran man mit se is. Ich wollte for mich 'n neuen Personalausweis holen – man is ja nu keen Ossi mehr, wa? Na, was soll ich Sie soaren, bei die Dienststelle da, schon draußen uff den Jang, eine Menschenmenge! Ich hab jefroacht: „Was is'n hier los? Keener da von die Brüder?" Da meent een Herr: „Doch, doch, da kommen immer wecke raus, und denn jehn widder wecke rin."

Wecke, hab ich jedacht, kucke an, *och'n Machteburjer!* Sonne scheene Sproache, und keen'n fällt das uff. Sehnse, und da is mich denn injefalln, daß man eijentlich mal alles uffschreim könnte, was die janzen Machteburjer, die mich übern Weech loofen, so alles von sich jeem tun. Das muß doch janz lustich sein, wenn man das denn so nachlesen kann. Na, Sie gloom ja goar nich, was ich von den Tach alles so jehört hab und was mich sonst noch injefalln is. Passen Se ma uff, Sie – Sie sinn doch woll ooch'n Machteburjer – oder?

Keene Zeit for de Zeitung

Also, wissen Se, nee, die Zeitungen jetz, die weern ja ooch immer dicker. Mich schlafen da Arme in, wenn ich uff die Bank sitze und lese. Ich muß schon immer de Ellbogen uff de Knie tun, und dann soacht mich meine Frau, ich soll nich so krumm dasitzen, ich würde sonst'n Puckel kriejen.

Ooch die Zeit, die da druffjeht, hörn se uff. Ich komme 'n bißchen später als wie jewöhnlich ins Jemeindebüro, wo ich doch sozusoaren als Mädchen für alles beschäfticht bin, fräächt mich doch unser Bürjermeester, ob wir denn inne Wohnung keene Uhr ham täten.

„Was denn?", hab ich jeantwort't. „Sie ham doch selber zu mich jesoacht, ich soll meine Zeitung jefällichst zu Hause lesen. Na, und ehe man alleene durch die janzen Annongsen durch is, das braucht doch seine Zeit, nich?"

Da hat er jelacht. Na ja, er weeß ja, was er an mich hat. Wenn Zettels anjeklebt wer'n müssen, wer machts? – Wer traut sich denn zu, die Leute zu soaren, se solln den Fuß-weech fejen und ihrn Mist vonnen Zaun wechkratzen? Na, also! Denn laßt mich jefällichst ooch ma meine Zeitung lesen.

Sie, das is spaßich mit die Annongsen. Hab ich neulich un-sern Vater eene vorjelesen: „Du, das weer was for dich. Da bieten se ne Hautkreme an, die macht zwanzich Jahre jünger."

„Na, so'n Quatsch", soacht er. „Das würde mich jrade noch fehl'n. Da verlier ich ja meine Rente."

Na ja, hat er nu ooch widder recht, nich?

Alles wird anders

Nu hat ja der Konsumladen bei uns an die Ecke ooch dichte jemacht. Wir ham uns alle beschwert, aber es hat nischt jeholfen. Nu, ja, man kann ja jetzt alles soaren, bloß ändern kann man nischt. Nu müssen wer immer ne Viertelstunde weit loofen, wenn wer bloß mal ne Schachtel Streichhölzer brauchen.

In den Laden da weern jetzt jebrauchte Möbel verkooft, der ganze olle Plunder aus Oma ihre Wohnung. Früher ham wer solches Zeuch zerhackt und verheizt, heute wird das in den Laden da for teures Jeld verkooft, und es finden sich ooch immer widder Leute, die das haben wolln. Na ja, innen Möbelladen, da nennt man das Uffjewärmte Nostaljie, und ins Restaurant Hackbraten.

Es bleibt eemt immer alles ganz anders. Viel jeändert hat sich nischt, jeder macht, was er will, keener macht, was er soll, aber alle machen mit. Hauptsache, es jeht vorwärts, de Richtung is ejal.

Bei uns bleim ja immer noch etlije Leute uff ihr Zeuch sitzen. For Westjeld wolln se eemt ooch alle Westware ham, dorbei is die doch ooch ofte von uns, und se ham se bloß umjetooft. Warum das so is? Na ja, das is wie bei de Post, die is ja nu ooch teurer, und dafür jeht se länger, Was meen'n Se? Das weer keene Antwort nich? Na, alles könn Sie ja ooch nich wissen, oder könn Sie mich soaren, warum 'n Butterbrot immer uffs Jesichte klatscht, wenn's runterfliecht?

Na, also!

Machte
(burjer)
halt mit

De Zukumft ist da!

Ich weeß nich, ob es Sie ooch immer so jegang'n is wie mich. Ich hab immer von de Zukumft jeträumt. Na ja, nu is se ja da, unsre Zukumft. Das heeßt, die hat natürlich ooch so ihre Haken. Von de Sicherheit is'n bißchen was wech, das könn se woll nich abstreiten.

Man muß ja nu ooch'n bißchen mehr uffpassen als wie früher. Schon von wejen die Spitzbuum. Wissen Se, ehrlich, draußen, meinen Schuppen und de Waschküche, die hatt ich noch nie abjeschlossen jehabt. Warum denn ooch? Uffnmal kann es jetz sein, ick komme es morjens raus, und mein Hobel is wech oder die Handbohrmaschine. Weeß man's? Vorsicht is immer noch de Mutter von die Porzellankiste.

Es jeht mich ja ooch nich bloß alleene so. Mein Nachbar soacht zu mich, seine Frau, die wär so ängstlich, das se ihn beis kleenste Jeräusch munter machen tut, weil se gloobt, es wär'n Einbrecher da.

„Denn müssn Se Ihre Frau ma soaren, das nu gerade Einbrecher jedes Jeräusch vermeiden tun", habe ich'n jeraten.

Der hat bloß abjewinkt. „Das hab ich se schon vor drei Wochen jesoacht."

„Na, und?"

„Jetzt weckt se mich, wenn keen Jeräusch is: Es is so stille, Mann, es wird doch wohl keen Einbrecher da sind?"

Ich soare's ja, de Zukumft is ooch nich mehr das, was se mal war.

Sorjen mit die Frau

Vorjestern hab ich Willin jetroffen. Ein Jesichte hat der jezogen, heern Se bloß uff, Sie! „Na, Willi?", hab ich'n jefroacht, „was is dich denn über de Leber jeloofen?"

„Froach nich", meint er. „Alles wird besser, und nischt wird
jut. Nu is ooch meine Frau zu Hause."

„Na", hab ich ihn jetröstet, „ihr kricht's doch beede bezahlt,
das kann doch so schlimm nich sein."

Er hat bloß abjewinkt. „Es is ja nich von wejen das Jeld",
meint er, „aber die Frau 'n janzen Tach zu Hause, die macht
doch nischt wie reene. Die kehrt und wischt uff und wäscht
de Jardien un poliert de Möbel. Ich bin bloß noch uff de
Flucht."

„Na, hör mal, Willi", hab ich jesoacht. „Jetz, wo ihr beede
zu Hause seid, müßt ihr euch eemt die Arbeet teilen. Mach
doch mit mit se, und ihr seid in de halbe Zeit fertich."

„Hast du ne Ahnung", soacht der. „Da fängt die doch jleich
widder von vorne an. In de Küche helf ich se manchmal,
weeßte, aber das is ooch nischt. Die schneid't Bolln, un ich
flenne."

„Na, komm, du alte Matzbläke", hab ich dann jesoacht.
„Jetz jehn wir beede erst mal los und nehm'n ein'n mitnander,
und denn wird's dich schon widder besser weern, verlaß dich
druff."

Das ham wer dann ooch so jemacht. Wir ham da ne Pizza
jefressen, und denn kam eene Lage nach de andre, und denn

ham wer uns so richtich ausjequasselt. Jetz kann ja jeder soaren, was er will, ob er will oder nich. Aber zum Schluß, Leute, heert bloß uff. So ein'n Affen hab ich lange nich mehr jehabt. Wir sind buchstäblich uff de Brustwarzen nach Hause jekrochen.

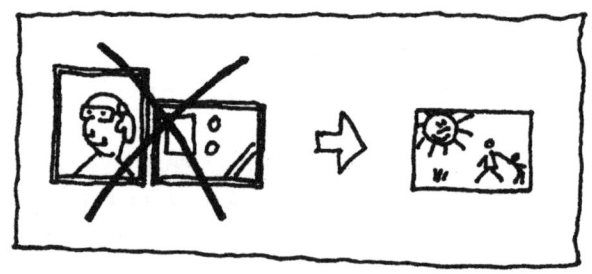

Kunstverständnis

Die Kunst jeeht ja nu ooch langsam baden. Was man da jetz so uff das Jebiet zu sehn kricht, hörn Se bloß uff, Sie! Da ham se doch jetz bei uns draußen zwee Straßen weiter so ne Galerie uffjemacht. Inne vorichte Woche hab ich mich das ma ankucken wolln und bin in das Ding rein. Also, die Bilder, nee! Lauter bunte Striche und Kleckse und so unverständliches Zeuch, man fräächt sich, was sich so'n Künstler bei sowas eijentlich denken tut. Also, wer sich sowas for teures Jeld inne Stube hängt, na, ich weeß garnich.

Über das, was wer vorher jehabt ham, hat man doch wenichstens noch lachen könn. Bei uns in unser Kulturhaus, da hing neem den ewijen jugendlichn Erich 'n Jemälde, das hat „Die Selbstverpflichtung" jeheißen. Lauter einjefrorene Kerle mits Kommunistische Manifest ins Jesichte. Ich hab jedesmal son leichtes Gruseln jekricht, wenn ich das anjekuckt hab, na, wer weeß, uff welchen Boden dis Kunstwerk nu langsam Spinneweem ansetzen tut.

Also, wissen Se, am besten jefällt mich eijentlich das, was unsre Kleene malt. Das ist richtich hübsch, Sie. Die ihre Pferde ham zwar alle 'n Wasserkopp und die Leute viel zu lange Nasen und dafor zu kurze Beene; aber man weeß doch jenau, was se meenen tut, und das muß man doch woll vonnen anständijes Kunstwerk ooch verlangen könn, nich?

Ham Se schon mal diniert?

Neulich warn wer mal widder fein essen, das ham wer lange nich mehr jemacht jehabt, Sie. Aber, was soll ich Se soaren, man kennt sich jar nicht mehr aus. Wie wer reinjekommen sind, ham wer erst ma dajestanden wie nischt. Das Schild „Bitte warten, Sie werden plaziert!" war nich mehr da, und der, der früher immer jestanden und jesoacht hatte: „Da drüüm wird nich bedient", der war ooch nich da.

Es kam aber doch jleich eener anjesaust: „Bitte, die Herrschaften, nehmen Sie doch Platz, bitte!" Wir ham uns beede anjesehen, meine Frau und ich, for Herrschaften waren wer eijentlich gar nich anjezogen jewesen. Kaum ham wer dajesessen, kam eene mit zwee dicken Speisekarten: „Bitte, gnädige Frau, bitte, mein Herr!" Ich hab mich es Lachen verbeißen müssen, von wejen meine gnädije Frau. Denn hat se die Kerze anjebrannt, die dajestanden hat, Blumen waren ooch da.

Also, was soll ich Sie soaren, wir sind beede richtich uffjeblüht. Ehrlich, Sie! Wir ham nich jejessen, wir ham diniert. Wir ham ooch nich jetrunken, wir ham jenippt – und das Essen da in die feine Bude, alles, was Recht is, bongforzionös. Erst hinterher is mich das'n bißchen mulmich jeworden, nämlich da, wie die Koahle mit die Rechnung jekomm is. Ich hab bloß noch jeschluckt, Sie. Klar, war da alles wunderscheen, ooch die Tischdecke janz reene; aber for das Jeld, was ich da berappt habe, sinn wer früher viermal speisen jewesen. Ehrlich, Sie!

Jlück bei's Spiel

Wenn man jetzt sieht, was die Leute alles koofen, Man oh Mann! Stelln Se sich ma in sonne Halle – ach nee, Center heeßt das ja woll jetz – also stelln Se sich mal da an de Kasse: Se weern staun, was sich manche so in die Woarens jepackt ham. Uff'n paar Mark mehr oder wenijer kommt das jar nich an. Na ja, wer den Pfennich nich ehrt, hat sicher jenüjend Scheine.

In unsere Kneipe hängt jetzt so'n Spielautomat. Leute, was da so for Jeld rinwandern tut, eener steht immer da und spielt. Ich laß ja von sowas de Finger, Sie, ich hab sowieso keen Jlück bei's Spiel, drum jeh ich ja ooch nich nach's Pferderennen. Na, was soll ich Sie soaren, eß ich neulich da inne Kneipe so stille for mich meine Pommes mit Majo, uffnmal fällt doch mein Blick uff den Automaten druff. Mann denk ich, is doch keener da, und die Räder drehn sich und drehn sich, die Lichter blinkem. Da muß doch eener zu zeitich uffjehört ham, denk ich, jeh ran und drücke bloß mal so aus Daffke uff een von die Knöppe. In den Momang kommt von de Seite der, der – na, ich merke mich den sein'n Namen mit Absicht nich. Also, der kommt, soacht, das weer sein Spiel jewesen, und schiebt mich wech.

Was soll ich Sie soaren, jeht doch mit eenmal ne Klimperei bei das Ding da los, und die Markstücke sind bloß so jepurzelt. Der hat jefeixt und einjesackt, der krumme Hund. Denken se, der hätte mich ooch eene Mark abjegeem? Nich de

Bohne, und ich hatte doch for ne jedrückt jehabt. Nu weeß ich nich – soll ich das ooch mal riskiern? – Nee, lieber nich. Ich hab keen Jlück bei's Spiel.

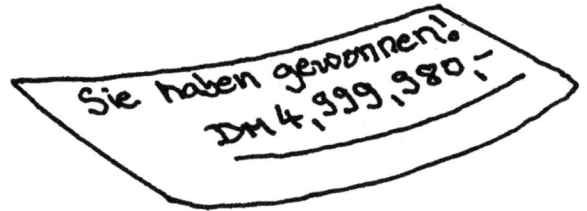

Überrraschungen

Also, Leute, die ville Reklame jetz, hört mich bloß uff! – Wenn ich morjens mein'n Kasten uffmache, denn fliecht mich das Zeuch gleich entjejen. Möbel soll ich koofen und neue Schuhe, versichern soll ich mich lassen und in de Lotterie spielen und mitn Bus nachn Odenwald fahrn, das is doch zum rammdeesich weern. Mein Bruder hat mit seine Frau das hinjeschriem'n, un denn sinn die mit sonner Reisejesellschaft in das schöne Land bein Teuteburjer Wald jefahrn.

Am anderen Tach hab ich'n jefroacht, wie denn nu das Land da jewesen is. „Weeß ich nich", soachter. „Den Teuteburjer Wald, den ham wir jar nich jesehn, aber Rheumadecken ham wer jekooft."

„So?", hab ich jesoacht. „Habt ihr denn Rheuma?"

„Nee, das nich", soachter, „aber sonst hättn wer doch nich die versprochnen Jeschenke jekricht, den Kaffee und die Armbanduhr, weeßte?"

Na, nu hört mich bloß uff, Sie! Vorjestern hat mich eener so Zettel reinjesteckt, da stand druff, er wollte mich fünf Million'n jewinn lassen, ich sollte'n bloß zwanzich Mark für das Los hinschikken. Hab ich 'n jeschriem'n, er soll doch seine zwanzig Mark von mein'n Jewinn abziehn un mich dann die restlijen vier Million'n-neunhundertneunundneunzichdausendneunhundertachzich Piepen uff mein Sparbuch überweisen. Also, wenn das kommt, Leute, denn lad ich euch alle zu ner Riesensauferei in. Denn lassen wir aber die Affen ma so richtich danzen. Ehrnwort, Leute!

Alltachssorjen

Was mein Schwoarer is, der is ja nu ooch ohne Arbeet. Erst hat er for ne Weile in de Warteschleife rumjehangen, nu sitzt er seine Hilde vorr de Beene, Sie. Dorbei hat der'n wichtijen Posten jehabt, jaa! Den seine Tätichkeit war so jeheim jewesen, daß nich mal er selber richtich jewußt hat, was er nu eijentlich machen tat.

Wie der noch kleen war, hat er immer Student weern wollen, weil er so jerne Studentenfutter jefressen hat. Das weeß ich noch. Vorwaltungsanjestellter wär der nu ooch janz jerne jeworden, de bestbezahlte Freizeitbeschäftijung, die es bei uns jibbt; aber da war schon alles besetzt. Vorrständlich. Kürzlich hätte er for een'n ne Würstchenbude ewwernehm'n kenn; aber er hat jemeent, das weer nischt for ne. „Hundert Würschtchen warm machen? Bin ich vielleicht'n Kombinat?" Na ja, alles will jelernt sein, wa?

Bei uns jejenüber da wohnt eener, der hat ville Kinder, Mann, hat der ville Kinder. Da jehts. Die leem nich schlecht von ihr villes Kinderjeld. Se ham schon ihr Auto damit finanziert und de Kühltruhe. Ich jloobe, jetz arbeeten se an en neuen Farbfernseher.

Na ja, wie heeßt es doch so scheen: Den Seinen jibt's der Herr im Schlaf.

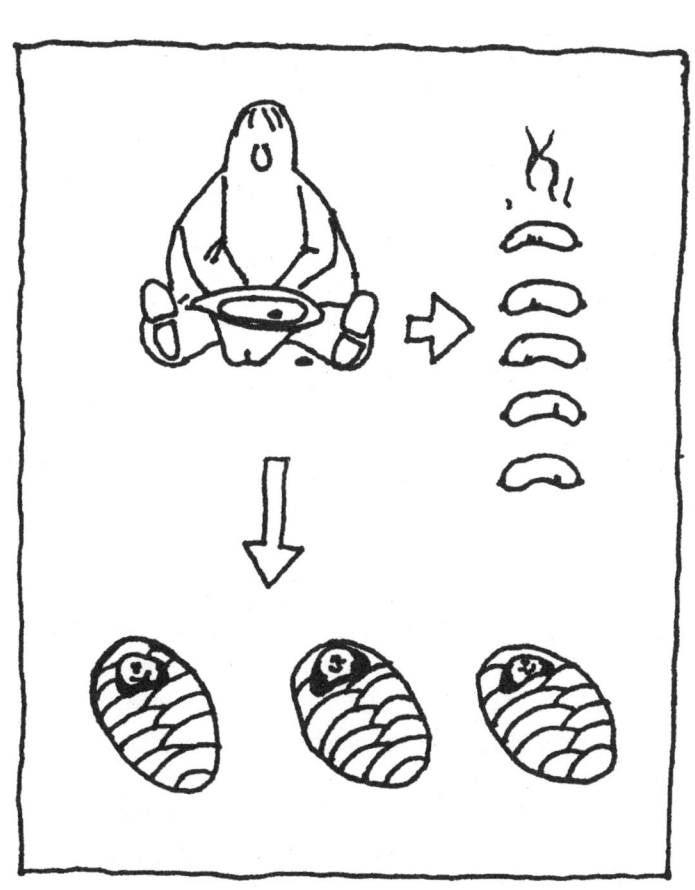

Das Rassepferd

Neulich hab ich Maxe jetroffen. Der hatte widder eene bei sich, also, Leute, ich hab de Luft anjehalten. Ja, ooch in andre Ställe jibt es scheene Pferde, Sie. Aber daß nu ausjerechnet widder Maxe ... ich weeß nich, was die Frauen an den finden tun. Aber das war schon immer so jewesen. Von den hat's früher schon jeheißen: Max macht muntre Mädchen müde. – Jeplättet aber war ich denn, wie er se mich vorjestellt hat: „Meine Frau!"

Maxe hat jeheirat't? Nee, was es nich alles so jibbt! Der hat sich doch nie festlejen wolln, der olle Jenießer. Der wollte doch damals ne sexualdemokratische Partei jründen nach die Devise: „Wer sündicht, schläft besser." – Aber heiraten? Nee, an alle hat der was auszusetzen jehabt, Sie. Und nu uff eenmal doch und denn sonne schicke Koahle?

Ich hab'n beiseite jenomm und jesoacht: „Mann, Maxe, du hast jeheirat't und denn sowas Schickes, und jar nischt an se auszusetzen?"

„Nischt", soacht er und jrient.

„Und se hat alles, was de brauchst?"

„Alles", soacht er.

„Ooch Jeld?"

„Mann", soacht Maxe. „Du kannst doch von en Rassepferd nich verlangen, daß es Dukaten scheißt! Oder?"

Na ja, da hat er nu ooch widder recht, der olle Schlawiner. Ich hab die jedenfalls nachjekuckt, bis se um de Ecke waren.

Feierabendjedanken

Also, eens muß ich euch soaren, was jetz so mits Jeld los is, also, ich weeß ooch nich. Jehst'e wech, steckst dich zwanzich Mark in – kannst'e glatt verjessen. Ich weeß noch, wie ich vons gleiche Jeld dicke een'n ausjegeem hab, Abendbrot jegessen und inne Nacht sternhagelvoll ins Bette jekrochen bin.

Heute zwanzich Mark? Das lohnt doch gar nich, aus'n Sessel hochzustehn und de Jacke anzuziehn. Kuck ich lieber fern, ooch wenn's mich uffn Geist jeht. Ich stell mich drei Pulln Bier an de Seite und for Heljan so ne kleene Sekt, und der Oamd is jeloofen. Also, wenn mich früher mal eener jesoacht hätte, ich würde ma oamds in der Bude bleim, den hätt ich doch glatt for vorrickt erklärt, Sie. Wir warn immer uff Achse, Helja bei ihre Weiber und ich bei Rudin anne Ecke ann'n Stammtisch. Na ja, der lebt ja nu ooch nich mehr, der olle Knabe. Is schnell jegangen mit ne. Letzten Monat ham wern beerdicht, und hintern Tresen hat er ja schon lange nich mehr so jekonnt.

Na ja, die letzten zwanzich Mark sind nu for de Blumen druffjegangen. Hätte Rudi ooch nich jedacht, daß ich for den ma so spendabel sein würde, wa?

DAMALS   HEUTE

Die von neeman

Also, wissen Se, meine Nachbarin, die jeht mich vielleicht uffn Docht, Sie! Immer wenn die den Mund uffmacht, denn könnte ich stundenlang wechhören. Jetzt hat se sich wedder über ihrn Mann beschwert. Se gloobt doch tatsächlich, daß der ne Jeliebte hat. Der hätte sich in dise Woche schon dreimal de Beene jewaschen, soacht se. Na ja, ich kann den ja vorrstehn. Jeden Tach dieselbe Frau, das zerrüttet die meisten Ehen.

Dabei is das'n ganz Ruhiger, Sie, fährt jeden Tach mits Rad nach de Arbeet. Ich hab'n jefroacht, warum er sich nich mal'n Auto koofen tut. Er hat bloß abjewinkt, meent, so ville Zeit hätte er morjens und nach Feierabend nich, sich mit's Auto durch das Jewühl zu schuckeln. Außerdem meent er: „Vonnen Autofahrer nimmt jeder an, daß er Jeld hat, vonnen Radfahrer nich." – Hat er ja nun ooch widder recht, oder?

Neulich soacht er doch: „Du kannst mich zur blechernen Hochzeit jratulieren."

„Hab ich ja noch nie jehört", hab ich jesoacht. „Blecherne Hochzeit? Wie lange is'n das?"

„Zwanzich Jahre Mittachessen aus de Büchse."

Na ja, nu könn Se sich denken, was meine Nachbarin for eene ist. Die macht nischt, gar nischt, bloß Putzen, Waschen, Kochen, Inkoofen, Flicken, Heizen, Plätten, Bohnern – sonst nischt. Nich de Bohne!

MDO

Jestern hab ich Waltern jetroffen. Das is immer noch derselbe olle Anjeber wie früher, Sie. Schlips und Hemde so knallich, wie's jeht, 'n poppijes Auto, stand er da vorn teures Restorang, wissen Se, so eens, wo man's Lächeln vonnen Kellner unds Datum mitbezahln muß. Ich hab mich richtich jeärjert, Sie, sonne Uffmachung, und dorbei is der dumm. Wenn der so lang wäre, wie er dumm is, der könnte kniend aus de Dachrinne saufen. Schon damals inne Schule, da hat der mit seine Armbanduhr anjejeeem. Ich hatte se ooch, so eene, aber er hat jemeent, seine jeht schneller.

„Na, Walter", soare ich. „So uffjemotzt schon an'n frühen Vormittach?"

„Man hat seine Verpflichtungen", meint er.

„Ist was Besondres los?", hab ich jefroacht.

„Meine Frau hat heute Jeburtstach", hat er jesoacht, „und da will ich se überraschen."

„So?", hab ich jefroacht, „mit wen denn?"

„Witzbold", soacht er und zeicht uff sein Auto. „Scheener Wagen, was? Na ja, die Nachbarn ham'n neuen Jaguar, da kann man nich zurückstehn bei unsere Verbindungen."

„So", hab ich jefroacht. „Verbindungen haste?"

„Ich hab jetz Beziehungen zu Berlin, mein Partner is MDB."

„MD was?"

„Mitglied des Bundestages."

„Na und?", soare ich. „Ich bin MDO."

„Donnerwetter!" Er macht sonne Oogen. „MDO, was is'n das?"

„Mitglied der Ortskrankenkasse."

Der hat keen'n Ton mehr jesoacht, Sie!

Der Zahn der Zeit

Wenn ich mich so innen Spiejel bekucke, denn tut's mich immer um mich selber leid. Der Kopp wird grauer, in de Schnute da jibt's immer mehr Lücken, na, und etliche Falten sind ooch schon da. Keen Zweifel, der Zahn der Zeit hat mich schon ganz schön beknabbert. Bloß ein Jlück, daß es een'n nich bloß alleene so jeht.

Schon draußen, wenn man sich so umkuckt. Bei uns wird jetz de Fassade vons Haus jemacht. Das wurde höchste Eisenbahn, Sie, das war ja schon balle der reinste Blätterteich. Mitunter noacht der Zahn der Zeit ooch mal ganz lustich. Ich weeß nich, ob Sie sich noch besinn könn. Am Hafen bei Kathreiners, da stand früher uffs Dach zu lesen: „Trinkt Röstfein!" Die Buchstaben waren woll mit eiserne Schrauben festjemacht, jedenfalls is eener nachn andern davon runterjewettert, aber – nu kommts – nich etwa so durcheinanner, nee, grade so, wie wenn das mit Absicht jewesen wäre, und eenes Tages konnte man denn von de Eisenbahn aus die Mahnung lesen: „Trink Rost".

Da hat seinerzeit mancher drüber jefeixt, Sie. Ob se ooch über mich feixen tun, wenn mich der Zahn der Zeit erst richtich in de Mangel hat?

Familjenkriech

Bei uns inne Familje roocht es. Wir ham Tanta Klara ihr Jeburtstach übersehn. Katastrophe! An de Kaffetafel hat se unsre janzen Sünden seit de Kindheit herjezählt. Die hat se alle noch behalten jehabt, Sie. Na, Tante Lucie soacht uns das ja alles widder, mit die stehn wer uns jut. Aber was nu? Familjenkriech is der härteste Kriech, den es jibt, Sie!

Dabei is Tante Klara jar nich unsre richtije Tante, bloß anjeheirat't von Onkel Paul. Na, der lebt ja schon lange nich mehr. Der hatte Klaran damals bei die Stromsperre kennjelernt, na ja, se war ja ooch dornach. Eins muß man se aber lassen, se hat rührend for ihn jesorcht, sojar seine Briefe hat se'n vorher uffjemacht.

Na ja, er konnte nischt dorjejen tun, so kleen wie der war. Tante Klara is ja ne Walküre, jewaltije Fijur und'n Händedruck wie son Schreitbagger. Und ooch sonst, die is sojar in de Süßwarenhandlung sauer, Sie.

Nu muß ich zusehn, wie ich das mit ihrn Jeburtstach widder inrenke. Da werd ich se woll'n Jarten umjroam und ihr es Holz hacken müssen, und das bei mein Rheuma, heern Se mich bloß uff, Sie. Die will uns doch jetz kleen und häßlich sehen, so rachsichtich, wie die is. Aber ich bin schon immer jejen Kriech jewesen, besonders jejen Familijenkriech. Vorrstehn se doch, ja?

Feierabend

Also, wissense, unser Eheleem, das is ja unjeheuer uffrejend, Sie. Jeden Abend Fernsehen, meine Frau sitzt da und löst Kreuzworträtsel, und ich kann mich'n Kopp zerbrechen, wann se nu endlich mit das Bier und die Salzstangen ankommt. Und Rätselraten, das is ja nu jar nischt for mich.

Wissense, wenn se mich froaren, ich war noch nie'n Freund von Tüftelei jewesen. Ich will wissen, was los is und wo es langjeht und mich nich erst groß'n Kopp zerbrechen müssen. Das is mich schon als Kind so jegangen, Sie. Ostereiersuchen? Nischt for mich, aber jedes Jahr hab ich widder in de Wohnung rumstöbern müssen, um die Dinger zu finden, bis ich dann mal eens uff Mutter ihr'n Teppich breitjelatscht habe. Von da an ham se denn bequem uffn Teller jelejen, sehnse?

Ich hab mich ooch nie vorjedrängelt. Klar, den letzten beißen de Hunde, aber der Erste kriecht die frischesten Prüjel, da gleicht sich das widder aus. – Also, ich will ma so sagen. Wenn man nich mehr so sehr jung is, das is ooch scheen. Man muß nich mehr, man will, oder man will nich, und dann bleibt een'n ans Ende immer noch es Fernsehen mitn scheenes Bier und paar Salzstangen, sehn Se? Und denn soll se doch meinetswejen Kreuzworträtsel lösen, wenn se will, oder?

Man läßt sich verführen

Also mit die ville Reklame, Sie, das is eijentlich ganz scheen. Man braucht sich keen Kopp zu machen, man kuckt sich das an, probiert's aus, und hinterher weeß man denn ganz jenau, wie blöde man jewesen is. Oder ooch nich, je nachdem. Ich jedenfalls hab inzwischen alle Konnjacks durchprobiert, for die Reklame jemacht wird. Jetzt hab ich meine Sorte, und bei die bleib ich ooch.

Was meine Frau is, mein Schnuckelchen, mein Hometrainer, da muß ich ja immer 'n bißchen druff uffpassen, Sie. Die is von die Reklame jedes Mal ganz alle – und unsre Kasse hinterher ooch. Wenn ich es morjens unsern Briefkasten leermache, steck ich die Kataloge gleich unter die Jacke. Die will ich ganz for mich alleene durchlesen, denn wird's nicht so teuer.

Als Mann denkt man ja immer 'n bißchen weiter: Miete, Jas, Strom und Steuern. Heern Se uff! Steuern bezahln, als ob wir es Jeld nich for was andres brauchen täten. Ich weeß nich, ob Sie das ooch so jeht, aber wenn ich was von Steuern höre, denn fehlen mich immer neunundneunzich Fennje an ner Mark.

Awer soll es sein wie's will mit die Reklame, wir könn's nu mal nich lassen, wir fallen immer wieder druff rin. Jeht's Sie nich ooch so?

Bla – bla – bla

Treff ich Wolfjanken. Was soachter? „Na, wie jeht's?"
Also, Leute, das is ooch so ne Frage, die eijentlich jar keene
is. Der denkt sich dabei nischt. Wie jeht's? – Das interessiert
doch den jar nich. Und wenn, was hatn der darvon, wenn er
weeß, wie's mich jeht? Soare ich: „Jut", denn ärjert er sich
vielleicht, weil's ihn nich so jut jehn tut. Soare ich: „Ach, na
ja", denn denkt er, ich bin zu stolz und will mich nich die
Blöße jeem'n, einzujestehn, daß mich es Wasser bis annen
Hals reicht. Soare ich aber: „Miserabel", denn is er schaden-
froh, also?

Wissen Se, es jibt ne Menge solche Redensarten, bei die
sich keener mehr was denken tut. Was muß ich 'n davon halten, wenn eener zu mich soacht: „Dich hab ich ja lange nicht
mehr jesehn." Soll das 'n Vorwurf sinn oder freut der sich,
daß ihn meine Lawwe so lange nich innen Weech jeloofen is?
Ich hab doch jar keene Zeit, jeden Tach draußen rumzurenn,
bloß damit mich meine janzen Bekannten jesehn ham.

Man müßte, wenn man een'n trifft, einfach ma was ganz
andres soaren, daß der uffhorchen tut, was ganz vorricktes
wie: „Na? Seefe injekooft?" oder „Haste dein'n Keller schon
reene jemacht?" – Ja, ich weeß, das is absoluter Blödsinn;
awer gloom se, in een beweecht sich mehr, wenn se immer
wieder froaren: „Wie jehts?" – Na, sehnse!

Wenn wer erst mal ...

Es jibt Menschen, die können jut von Hoffnungen leem. Jloom se nich? Die sehn jar nich das, was se ham und wodrüber se sich freuen könnten, und die jenießen das ooch nich, weil se immer bloß an das denken tun, was se später mal ham wolln. Wie ich da druff komm tue? Na, wejen Seiferts uns jejenüber.

Erst hat's bei die jeheißen: „Ach, wenn wer erst ne neue Wohnung ham." Kaum hatten se denn eene, hieß es bei die: „Wenn wer erst'n Motorrad ham."

Denn war's da, das Motorrad, denn jings: „Wenn wer erst unsern Kühlschrank und'n Farbfernseher ham." Na, Se könn sich woll denken, daß es dabei nich jebliem is. „Wenn wer erst unser Auto ham."

Denn stand er unten, der neue Woaren, da soacht doch Lucie Seifert zu meine Frau: „Hach, wenn wer nu erst unser Eijenheim ham"; aber Erwin Seifert is nich mehr da, Herzinfarkt, aus! – Scheene Beerdijung. War woll doch'n bißchen ville for den, die letzten Joahre.

Passen se ma uff, janz im Vertrauen; Ich könnte sie Lucie als preiswerte Witwe empfehln. Se is wirklich nich unflott – aber Vorsicht mit se; ich hör se schon soaren: „Wenn wer erst das Ferienhaus in Spanien ham ..." Und dann sind Sie derjenichte, welcher ...

Wenn ich erst mal im Himmel bin!

Vorsicht, chinesisch!

Ich gloobe nich annen Zufall. Immer widder treff ich Leute, als wenn das jrade so sinn sollte. Jahrelang hab ich die Frau Dahlmann nich jesehn, neulich mußte ich an se denken, läuft se mich doch uff eenmal innen Weech. Die war früher Handarbeitslehrerin jewesen, hat mit die Kinder scheene Sachen gemacht, und ooch sie selber, immer tipptopp, alles was recht is.

Da fällt mich von die doch ne hübsche Sache in. Die hatte uff ne chinesische Konserve so'n orijinal Schriftband entdeckt. Dat fand se sehr dekorativ, und se hat sich die Schriftzeichen hübsch von oom nach unten uffn Kleid jestickt. Hat sehr apart ausjesehn, alles ham's bewundert. Ne Weile jing das jut, denn war ne Schulmesse, wo se die Arbeeten von ihre Kinder ausjestellt hat, und se war widder in das schicke Kleid. Zufällich war aber ne chinesische Delegation inne Stadt jewesen, die ham se da ooch in die Messe jeführt. Uffnmal, wie die vor Frau Dahlmann standen, da ham die Söhne aus es Reich der Mitte ihre so sprichwörtliche bescheidne Zurückhaltung verloren un laut mit's Lachen anjefangen. Die konnten das ja lesen.

Frau Dahlmann war janz baff jewesen. Se hat den Dolmetscher jefroacht, ob denn das so lustich weer. Er meente: „Na, for ne Frau'n bißchen unjewöhnlich."

„Wieso'n das?"

„Na, es heißt: „Sehr scharf; aber besonders preiswert."

Da hat die Frau Dahlmann das scheene Schriftband schnell widder rausjetrennt.

Wir solln Sachsen sinn?

Wir nenn uns ja nu widder Sachsen-Anhalt. Mich is ja immer'n bißchen komisch dabei, denn Sachsen? – Also Sachsen sinn ja nu woll ganz was andres als wie wir, oder? Saß ich doch neulich im Zuch een'n gejenüber, also hörn se uff. Der hat ununterbrochen jeredet und so ulkich. Ich hab lachen müssen. Fräächt der doch, wieso? Ich soare von wejen sein'n Dialekt. Na, da jings aber los.

„De sächs'sche Schbraache is gee Dialegt, de sächs'sche Schbraache is ne Schbraache. Wer se nich vom Mudderleibe an beherrschen dutt, verschdeht se nich."

„Na, na", hab ich jesoacht.

„Biddesehr!" Er hat'n Notizbuch aus de Tasche jeangelt. „Das is sozusaachn meine Schbezjalidät, ich schreibe se nämlich e säch'sches Wörrderbuch."

„Donnerwetter", hab ich jesoacht.

„Ich mußte festschdelln, daß mir in Sachsen Wörrder hamm, die vollgomm von der deutschen Schbraache abweichn un die gar gee andrer Mensch vorrschdeen gann."

„Na, da bin ich aber neugierich, Sie!"

„Biddesehr! Ich läs in'n baar vor: Bäbe, bäbeln, barbs, Baschl, Bemme, Bibsch, bietschn, bitzln, Blaadsch ..."

„Aber Mann", hab ich jesoacht, „das is doch vollkomm sinnlos."

Er hat sein'n Kopp jeschüttelt. „Sähn se ma hier zum Beischbiel: Blaadsch, was is das, e Blaadsch?"

„Was weeß denn ich? Es wird woll sonne Art Kuchen sinn."

„Kuuchn? – Blaadsch, das is e ungeschickter Mensch!"

Nu soaren se ma selber. Sachsen? Das solln wir sind?

Reize in Schwarz

Neulich hab ich Wolfjanken seine Frau jetroffen, also, das is wirklich immer noch ne ansehnlije Person, Sie.

„Na, Frau Voocht", hab ich se jefroacht, „wie jehts denn, und was machtn Wolfjang noch so?"

„Hörn se uff", soacht se. „Mit den is jar nischt mehr los. Kommt nach Hause, latscht in de Wohnung, soacht keen'n Ton. – Na?, hab ich jefroacht, kriej ich denn zur Bejrüßung nichtn Kuß – Da soacht der doch: 'Nu mach aber ma halblang. Dreißich Jahre verheirat't un denn noch Orgien?'"

„Treten Se den doch ma uffs Jeweih", hab ich se jesoacht. „Oder velleicht solltn Se den maln bißchen uffmuntern. Männer brauchen sowas ab und zu mal."

Sie hat bloß abjewinkt. „Hab ich alles vorrsucht", meent se. „Ich hatte mich schon ausn Katalooch so schicke schwarze Reizwäsche schicken lassen. Die hab ich anjezogen und ihn denn so innen Korridor empfangen."

„Und was hat Wolfjang jesoacht?"

„Hörn Se uff, Sie! Große Oogen hat er jemacht und jemeent: 'Is woll was mit Oma?' – Könn Se sich das vorstelln?"

„Nee", hab ich jesoacht. „Wenn ich mich Sie so ankucke, Frau Voocht, also ehrlich, mich würde das nich passiern."

„Ja, ja", hat se jemeent, „bei den hat der liebe Gott ooch wirklich an alle Ecken und Kanten jespart."

Na ja, da kann ich se nu ooch nich helfen, woah?

Kriminaljeschichten

Also, was soll ich Sie soaren, Sachen jibt's, die jibt's gar nich. Da ham se doch bei uns in die Kneipe neeman schon es dritte Mal einjebrochen. Dabei is doch da gar nischt zu hol'n. Beis erste Mal ham se'n Spielautomaten jeknackt, denn ham se es Wechseljeld mitjehn lassen, und beis dritte Mal warn's 'n paar Pulln Schnaps und Zijaretten.

Eener war dajewesen und hat uns alle anjehauen, ob wer nischt jehört ham. Na, Mann, wie soll denn ich in de Nacht was hör'n, wo doch meine Helja so dolle schnarchen tut. „Wo warn Sie denn in der Nacht zum Sonntach?", hat der sich bei mich erkundicht. Na, hörn Se mal. Ich hab jesoacht: „Wissense, Sie froaren schon jenauso wie meine Frau." Da hat er jefeixt un is wechjeloofen. Na ja, wenn se die Kerle erwischen tun, die passiert doch sowieso nischt. Wo wird denn heute noch so eener wirklich verurteilt, froare ich Sie. Die stelln de Personaljen fest und basta.

Wenn ich da noch so an früher denke, wo wer hier unsern ollen Polezisten noch jehabt ham, der brauchte bloß zu kukken, ehrlich, denn ham die alle ne Mücke jemacht. Der hatte Autoretät, kann ich Sie soaren. Bloß zu Hause nich, da war der janz kleen und häßlich jewesen. Awer einjebrochen ham se hier bei uns in den seine Zeit nich, das kenn Se mich gloom, Sie!

Abendunterhaltung

Wir jehn jerne mal nachs Theater. Das is doch was andres wie immer bloß vor die olle Glotze. Helja hat ihre Freundin Ruth rumjekricht, daß die nu immer mit uns mitjehn tun. Hörn Se uff, Sie! Die sind ja so unpünktlich, und das kann ich ja nu überhaupt nich ab. Jedesmal, wenn's losjehn soll, und de Türen weern zujemacht, kommt die mit ihrn Mann anjeborscht, und alle müssen wejen die nochmal hoch. Und denn bejrüßense uns so, daß jeder merkt, daß die zu uns jehörn. Das is mich so peinlich, und ich freu mich immer, wenn se's nich mehr ganz jeschafft ham und den ersten Akt von die Bummlerplätze aus erleem müssen.

Und der Kerl bejreift das nich, Sie. Ich froare ne beis letzte Mal: „Seid ihr noch zu retten" – Da fräächt der doch: „Wieso?" – Und richtich anziehn kann der sich ooch nich. Seine Frau kloacht ja selber da drüber. Se soacht, der täte sich schon es morjens das weiße Hemde anziehn, wenn se es oamds ins Theater wolln, bloß damit der sich nich zweemal annen Tach zurechte machen muß.

Neulich hatte der doch zu sein'n schwarzen Anzuch 'n dunkles Hemde anbehalten. Seine Ruth war schon richtich ticksch, Sie. Da is der in die Pause solange draußen rumjerannt, bis er noch een'n jefunden hat, der ooch ins dunkle Hemde war. Nu soaren se mich mal, was soll eener davon bloß halten? Leute jibts, die jibts jar nich.

Theater ohne Intritt

Ich komme vonne Post, war janz scheen vorrgnatzt, weil ich schon widder mehr Jeld for wenjer Sörwiß bezahlt habe, uff eenmal jibts doch hintern Fenster een Krawall, kann ich Sie soaren.

Ich bin gleich stehn jeblieben. Wissense, fremder Familienkrach jehört zu die unterhaltsamsten Sachen, die es jibt. Wirklich!

Mann, ham die sich da beharkt, ich hab jegloobt, da fliejen in jeden Oogenblick de Fetzen. Was macht man denn da, froare ich Sie? Macht man nischt, und der bringt die womöchlich um, denn heeßt es ans Ende, man hätte das vorrhindern müssen. Das is doch denn sowas wie Fahrerflucht, oder was meen'n se?

Wie ich dachte, da wär nu endlich alles vorbei jewesen, na, was soll ich Sie soaren, da fing das da drinne jenau nochma von vorne an, jenau dasselbe nochmal. In den Momang kommt da eener aus das Haus. Ich soare: „Nu hörn Se sich das an, Mann, sollte man nich besser de Polizei rufen?"

Der hat bloß jelacht, Sie, hat abjewinkt und jemeent: „Das hat nischt uff sich."

„Was?", soar ich, „jeht das bei die immer so?"

„Na ja", meent der, „das kommt uffn Text an, wissense? Das is doch 'n Schauspieler, der übt mit seine Frau an seine Rolle."

Sowas! – Fehlte bloß noch, daß eener rauskommt und kassiert Intritt, woa?

Willi fillesofiert

„Du soach mal", hat mich Willi anjehauen, „wir ham jestern in die Kneipe über alles mööchlije jeredet. Weeßt du das, ob der Sozialismus von die Wissenschaftler oder von die Politiker erfunden is?"

„Na, so ne blöde Froare", hab ich jesoacht. „Von Politiker natürlich."

„Denn is mich manches klar", hat er jemeint und mit'n Kopp jeschüttelt.

„Warum denn das?"

„Na, ich gloobe, 'n Wissenschaftler hätte den erst mal an weiße Mäuse ausprobiert."

Sehnse, so is Willi, der macht sich um alles 'n Kopp, den ham wer immer bloß'n Fillesofen jenannt. Wie der noch mit uns in de Schule war, hatte der sich ne Mähne wie son Löwe wachsen lassen. Hat'n der Lehrer jefroacht, warum er so wilde Haare träächt, meent Willi: „Mein großer Bruder is Soldat, der hat unsern Kamm."

Willi hat uff alles was jewußt, und wenn er sich's zusammenjeschwindelt hat. Der hat ooch immer Zicken jedreht, Sie. Warn wer mal unser fünfe uffn Breiten Weech jewesen, da hat er jesoacht: „Jetz kucken wer ma alle stur da rüber an das Dach!" Ham wer jemacht. Zuletzt ham da fuffzich Leute jestanden und ruffjeglotzt, und keener hat jewußt, warum. Nu stell ich mich vor, was woll die weißen Mäuse zu Willin sein'n Sozialismus jesoacht hättn. Die hättn sicher ooch nich jewußt, warum.

Papierkriech

Also, eens muß ich euch soaren, Leute, der dürre Kunze, der unten bei uns ins Haus wohnt, das is so'n richtjer oller Braslkopp. Ich weeß ooch nich, warum der so vorrgnatzt rumrennt. Meckern tut der über alles, bei den jibts überhaupt nisch, wasn jefällt. Na scheen, statts der nu es Maul halten täte, wenn den was nich passen tut, seine Türe abschließen und sich vor sein'n Fernseher hocken, nee, der muß ooch noch de Leute anmachen. Sowas bringt een doch keene Freunde, oder was mein'n Se?

Na, was soll ich Sie soaren, Silvester hatte der doch'n paar junge Leute anjebratzt, weil die bei ihn vors Fenster 'n Knaller losjelassen hatten. Awer denn ham die erst richtich losjeleecht, Sie. Na, und Kunze, der is ausjeflippt, richtich beleidijend is der jeworden, als wär der nie jung jewesen. Aber nu kommt der dicke Hund, Sie: Eener von die Bengels muß doch den seine Adresse an alle möchlichen Firmen in halb Europa einjeschickt ham. Jedenfalls kricht der jetz ne wahre Sintflut von Kataloge, Reklamezettels, Anjebote, Werbeschriften, Probeabonnements und was nich noch alles zujeschickt, daß der vor lauter Rinschaffen, Bündeln, Rausschaffen jar nich mehr zus Meckern kommt. Halbe Wälder müssen for den abjeholzt worden sein. Ich bin bloß jespannt, wie lange der das noch aushalten tut, bis er ins Papier versoffen is.

Es hat jekracht

Ich hole de Oma vonnen Bahnhoff ab, wir sind mit die Koffer noch zehn Meter von unsre Türe wech, mitnmal da kracht's. Hat eener die Kurve nich jekricht un is mit die Seite an unsern Zaun. Sowas! Oma wär vor Schreck balle de Zahnprothese aus es Jesichte jefalln. Ich ran, und wer wars? Der kleene Maxe Seifert von um de Ecke rum. Also, wenn Se den sehn würden, so ne halbe Portion, das gloom Se nich, Sie.

Ich soare: „Bist du denn noch zu retten?"

Da fräächt der: „Wieso?"

Ich soare: „Hältst du mich forn Idioten?"

Da meent der: „Man soll keen Menschen nach sein Aussehn beurteilen." Das hat mich velleicht jereicht, Sie.

„Ich soare: „Nu kuck ma mein'n Zaun!" Der winkt bloß ab und meent: „Da kannste völlich unberuhicht sein, das zahlt doch de Vorsicherung – awer mein Auto ...

Na ja, was will man von so een'n vorlangen. Den hatten se mal als Polizeihelfer beschäfticht. Aber nich for lange. Der sollte nachs Fußballspiel Ansammlungen zerstreun, da hat der doch die Leute von die Bushaltestelle vortriem.

Na ja – de Vorsicherung bezahlts; awer ich muß uff meine Kosten unsre Oma ne halbe Flasche Konnjack intrichtern, damit die sich widder beruhicht, Sie!

Der Sprachsammler

Also, jesammelt wird woll so ziemlich alles, von Briefmarken anjefangen über Ansichtskarten und Kleenkram forn Setzkasten bis zu olle Bilder. Willi sammelt Sproachen. Doch, das jibt's. Hab ich ooch nich jegloobt; aber wie wer neulich es oamds in de Kneipe warn, da hat der doch ejalwech sein Notizbuch rausjezogen und notiert. Ich hab zu ne jesoacht: „Weeßte, Willi, wenn ich nich ganz jenau wissen täte, daß wir die Wende jehabt ham, würde ich gloom, du bist bei de Schtasi."

„Warum denn das?" hat er jefroacht.

„Weil du dauernd uffschreibst, was jeredet wird."

„Ich schreibe bloß die Sproache von die Skatspieler da drüm uff, ich sammle das nämlich."

„Und das lohnt sich?"

„Na allemal, horch ma druff!"

Und denn hat der vorjelesen: „Wer jibbt? – Der, der fräächt! – In Kleen Rodensleben hat sich schon mal eener totjemischt. – Wasch dich mal die Pfoten! – Du bist aber lieb zu mich! – Du kannst woll Flaschenspülen. aber keen Skat! – Oh, dieser Maurer! Spritze! – Mit Musik! – Bei Grang spielt man Äsße oder hält de Fresse. – Kiebitze sinn doch häßlije Vöjel. – Der jeht uff de Dörfer. – Was liecht, das liecht! – Trumpf is die Seele vons Spiel! – Das hast du jesehn. – Er hat einen vergeicht! – Der Schreiber kommt immer zurecht. Hosen runter!"

Sehnse, sowas alles sammelt Willi. Und das soll eener ernst nehmen?

Ooch ne Jeldanlage

Also, wissen Se, jeden seine Sorjen in Ehren, aber wenn eener die Probleme bloß noch mit Schnaps bejießen tut, das is doch nu ooch keene Lösung, oder? Ich rede von mein'n alten Freund Heini. Der hat ja schon immer alles mitjemacht, wenn er dadurch zu was Scharfes jekomm is. Hab ich früher bei den jeklingelt jehabt und seine Frau hat jesoacht: „Der is nach sein'n Schport!", denn hab ich jenau jewußt, daß der widder irjendwo sitzt und gurjelt. Aber jetz? Hörn Se uff!

Hab ich'n neulich jetroffen, hat er schon widder glasich jekuckt. Ich soare: „Na, Heini, was machst'n so?" Meent er: „Hör uff. Ich komme mits Jeld nich mehr klar. Alles wird teurer, Friseur, Bier, Brot, Kohlen, Miete ..."

„Das wird aber vons Saufen alleene ooch nich besser."

„Weeß ich, weeß ich", soacht er. „Drum ham wer ja ooch jetz'n Vorein jegründet 'KRITIK 99'. – Da meckern wer uns jejenseitich so richtich aus und schreim Einjaben an de Behörden."

„Und? Hat's jeholfen?"

„Weeß ich nich, wir ham noch keene Antwort jekricht, und bis dahin halten wer eemt de Bierfahne kräftich hoch, weeßte?"

„Mann, das kost't doch ooch ne Stange Jeld!"

„Weeß ich, weeß ich", soachter, „awer irjendwo muß man eemt investiern, das is heute nich anders."

Ja, ja, die Zeiten waren bei den noch nie so ernst wie immer.

Die Rentnerfirma

Jestern hab ich doch den alten Fritz Großmann jetroffen, das is der, der immer mal widder was for de Zeitung schreim tut, wissen Se?

„Nanu, Herr Großmann", hab ich jefroacht, „ich hab ja lange nischt mehr von Sie jelesen. Fällt Sie nischt mehr in, oder was?"

„Keene Zeit", soacht er. „Ich muß mich mit meine Einkommenssteuer-Erklärung beschäftjen."

„Was?", soare ich. „Ich denke, Sie sinn Rentner?"

„Klar bin das", meent er, „aber weil ich doch vonne Zeitung aus 'n paar Mark dazu vordien'n tue, schicken die vons Finanzamt ne Steuererklärung."

„Na, das is ja bei Ihr bißchen doch woll rasch ausjefüllt."

„Was?", hat der jefroacht. „Rasch? Mann, wissen Sie nich, wie sonne Einkommenssteuer-Erklärung aussehn tut? Das sinn so ville Seiten Text, da sitzt eener mits Ausrechnen und Ausfülln ne jute Woche."

„Aber, Herr Großmann", hab ich jesoacht, „die müssen doch bei die Dienststelle ma merken, daß das for Sie als Rentner alles jar nich zutreffen tut."

„Dienststelle? Keen Mensch merkt da was, das jeht doch alles durchn Kompjuter, wissen Se das nicht? Neulich hab ich von sonne Dienststelle 'n dicken Brief jekricht mit Personalfragebogen, Anschrift: 'Firma Fritz Großmann, Personalabteilung.' Hab ich jleich zurückjeschickt und druffjeschriem:

„Mein Personaldirektor is mit die ganzen Unterlagen durchjebrannt." – Wolln doch ma sehn, ob die das bei ihrn Papierkriech da mitkriejen."

Da is mich'n Wort von den Franzosen Balzac einjefallen, der hat ma jesoacht: „Die Bürokratie ist ein gigantischer Mechanismus, der von Zwergen bedient wird."

Davon bin ich'n Fänn!

Ich kann mich nich helfen, ich steh uff Nudeln. Ich weeß ooch nich, von woher das kommt; aber wenn ich sehe, was andre so an Kartoffeln in sich rinstoppen, denn graust es mich immer. Am meisten bei diese Pommes da. Ich steh uff Nudeln, Sie. Wenn ich irjendwo ins Gasthaus essen jehe, kucke ich als erstes immer, was se so an Makkaroni, Spaghetti und Nudeln anbieten tun, und denn jehts bei mich in de Vollen.

Janz früher schon, inne Schule, oder später bei de Soldaten, wenn's da jeheeßen hat: „Iii, Nudeln", denn hab ich immer Fettlebe jehabt. Leute, war das'n Fest, zweemal Nachschlach. Vorichten Herbst, da hab ich meine alte Tante im Schwarzwald besucht, da unten jabs Spätzle. Haach, kenn Se Spätzle? Kann Sie soaren, ich hab jar nich widder wechjewollt von da unten. Die ham Sie vielleicht wat wech da mit ihre Spätzle, und ich steh uff Nudeln.

Meine Frau hat ja ne Weile jebraucht, bis se sich da dran jewöhnt hat. Ich bin for se bloß der Nudelfritze. Im Ernst. Das hat manchen Ärjer jejeem, Sie! Aber nu is das vorbei. Jetzt jibst ja diese herrlichen fertijen Nudeln aus de Büchse oder die Nudelsuppen, die de bloß mit heißes Wasser uffjießen mußt. Aach, wie das schon riechen tut! Na, nu kann se for sich meintsweejen Kartoffeln kochen, so ville se will, ich mach mich Nudeln. Se weern's nich jloom, aber ich steh uff Nudeln.

Erinnerung an de Schule

Kürzlich hab ich doch unsern alten Lehrer Wittkowski je-troffen. Ich hab jar nich jedacht, daß der noch leem tut. Der hat mich ooch nich gleich erkannt jehabt, erst wie ich'n an den Eisklumpen erinnert habe, da hat er Bescheid jewußt.

Das war nämlich so jewesen, wir hatten uns in de Schule mit „Fritz Reuter" beschäfticht, mit den sein Buch „Ut de Franzosentiet". Da drinne kommt ne Jeschichte vor, wo se een en Eisklumpen ans Himmelbette jehängt ham. Der is dann de halbe Nacht mit das Bettjestelle in die Stube rumjezuckelt, weil er jedacht hat, es reejent, und das Dach is nich dichte.

Na, was soll ich Sie soaren, es war grade Winter jewesen, und inne nächste Stunde hing natürlich 'n Taschentuch mitn Eisklumpen drinne jenau übers Katheder anne Lampe. Wir warn nu jespannt, was da passiern würde. Erst mal jarnischt. Denn hat Wittkowski 'n Klecks uff de Brille jekricht und je-putzt und noch immer nischt jemerkt. Erst wie er denn mit de Finger in die Ablage vonnen Federhalter jegriffen hat, und da war Wasser drinne, da hat er die Sache jespannt. Na ja, der hat ja Humor jehabt und ooch gleich jewußt, daß sich das uff Fritz Reuter bezooch. Zwee Mann ham vom Hausmeester ne Leiter jeholt, mit ville Trara den Rest von den Klumpen run-terjeholt, und damit war for uns die Stunde mal widder jeloo-fen jewesen. Sie gloom ja nich, wie olle Wittkowski jelacht hat, wie ichn da dran erinnert habe. Ja, unsre Streiche da-mals, die hatten noch Jeist, Leute!

Vornehme Jäste

In Hohenwarsleben, da steht'n Spruch ans Gasthaus, der jeht unjefähr so: „Gehste in'n Krauch, wirste klauch, gehste drumrum, bleibste dumm!" – Also, da is tatsächlich was dran, Sie. Wenn ich in de Kneipe jehe, is mich das gar nich so sehr wejen die Sauferei, nee, man lernt Leute kenn, hört sich denen ihre Jeschichten an und jibt seine dazu. Das is doch ooch ne Uffjabe, oder?

Neulich war eener da, den kannte ich jar nich. Und wissen Se, was der sich bestellt hat? Konnjack mit Selters. – Also, ich hab sowas noch nie jetrunken jehabt, Sie. Na ja, zujegeem, das hat richtich vornehm ausjesehn, wie der so den Schnaps mit das Kribbelwasser jemischt und die Sache denn mit'n paar große Schlucke ausjepichelt hat. Gejen soviel Vornehmheit hab ich nischt inzusetzen jehabt. Ich hab mich richtich jeärjert, Sie. Warum säuftn der nischt Normales, Bier oder Wein oder meintswejen Schnaps uff Solo?

Wie der denn wech war, hat sich'n andrer zu mich annen Tisch jesetzt. Ich hab mich Konnjack mit Selters bestellt. Also ehrlich, Sie, 'n bißchen komisch hat das wirklich jeschmeckt; aber es muß unjeheuer vornehm jewirkt ham, sowas zu trinken. Der Mensch an mein'n Tisch hat vielleicht jeglotzt, Sie. Sicherlich hat der sich jeärjert, weil er gejen soville Vornehmheit nischt inzusetzen jehabt hat.

Jespräch am Abend

Unser oller Pulleziste is ja nu ooch Rentner; aber er kann's nu mal nich lassen, draußen immer widder nach's Rechte zu sehn. Komme ich neulich es oamds mits Rad vonnen Jarten, steht er da und grient sich was. „Na?", froare ich. „Ist was?"

„Wenn deine Lampe nicht brennt, mußte dein Rad schiem'n."

„Hab ich schon versucht", soare ich, „aber denn brennt das Luder ooch nich."

„Dein Glück, daß ich nich mehr innen Dienst bin", soacht er.

„Na laß man, du hast dich doch woll deine Rente vorrdient, und dich jehts ja woll ooch nich schlecht, oder?"

„Ach, na ja", meint er. „Ich hab schlechten Schlaf, weeßte. Ich beneide immer meine einjeschlafnen Füße. Letzte Nacht hab ich wieder keen Ooge zujemacht."

„Keen Wunder", soare ich. „Ich würde ooch nicht mit offne Oogen schlafen könn."

„Witzbold", soacht er, „Na, ich jeh jetzt nach'n Heilprakti-ker, der wird mich schon widder hinkriejen. Der hat sojar unsre Oma noch von ihr Rheumatismus jeheilt."

„Wie alt isn die jetzt eijentlich?"

„Fümmenachtzich", soacht er.

„Se hat ooch verdammt lange dazu jebraucht", soare ich. „Wer so alt weern will, muß eemt beizeiten damit anfangen. Ist ja schön, daß se nu wenichstens ihr Rheumatismus los is."

„Schon", meint er. „Bloß, nu ham wer jar kein'n mehr inne Familije, der uns soaren kann, wenn's Rejen jibt."

Probleme mit die Maniküre

Nu hat Helja ihre Kur jekricht, und ich bin Strohwitwer. Ist ooch ma janz scheen. Mittachs jeh ich immer essen. In Ratskeller kenn se mich schon. Ich kucke denn immer, wo eener alleene sitzen tut, da froare ich, ob's anjenehm wäre, wenn ich mich dazuhocke, ich bin nämlich nich jerne alleene, Sie. Bloß immer klappt das nu ooch nich so.

Vorjestern hatte ich so'n maulfaulen Kerl erwischt, keene Spur von Jespräch, Sie. Der schien de Lawwe bloß zus Fressen und Saufen zu ham. Na, ich hab mich den denn stille for mich bekuckt, denke, was machtn der mit seine Pfoten ejalwech hinter die Tischdecke? Aha – hat vorjessen, sich de Näjel reene zu machen, das Ferkel. Wie soacht man doch? „Wenn de denkst, de bist alleene, mach dich deine Näjel reene." Denkt der also, er is hier alleene, eijentlich doch ne Beleidijung for mich, oder?

Und überhaupt, man macht das bei sich zu Hause, ehe man wechjeht. Ich halte das immer so. Ein Blick uff meine Näjel ... Mann, war mich das peinlich! Also, ich hätte schwören möjen, daß die vorher in de Wohnung noch reene warn. – Der Kerl frißt schon, seine Näjel sind sauber. Nu habe ich die Pfoten hinters Tischtuch. Na ja, das is woll vorzeilich, wer will denn ooch zu sehr von sein'n Tischjefährten abstechen, wa?

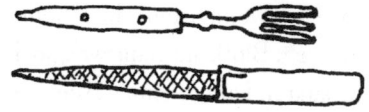

Haltet es Jeld feste!

Was soll ich Sie soaren, komm ich durchn Park, sitzt da olle Kutti Krüjer janz trübselich uff die Bank. „Nanu?", soare ich, „Kutti, altes Haus, was ziehstn du for een Jesichte, horch mal?"

„Ach, hör uff", meenter und winkt ab. „Wir müssen unter de Räuber jefallen sinn."

„Wieso denn das?"

„Ich rejistriere lauter Anschläje uff unser bißchen Jeld."

„Mann", soare ich, „Kutti, du als oller Buckauer Elbröwer, du kannst doch nich einfach'n Kopp hängen lassen."

„Weeßte", soachter, „wo de hinkucken tust, wirst de beschuppt. Se kommen een bis in de Wohnung mit ihre Anjebote, und man kann doch ooch nich jeden rausschmeißen, bloß weil man den nich kennt. Wir war'n doch immer freundliche Menschen jewesen, oder etwa nich?"

„Ja, mein Lieber, das sinn nu mal andre Zeiten, da mußte umlernen. Früher hat's immer jeheißen Wachsamkeit, Wachsamkeit, jetz kannste se jebrauchen."

Kutti hat bloß jestöhnt. „War eener da und hat uns Lose vorrkooft", soachter. „Anjeblich sollte jedes zweete jewinn, hat er vorrsprochen. Na, weeßte, ich wollte endlich ma ausn Schneider rauskomm, hab zwanzich jenomm, damit ich zehne sicher hab. Alles Schwindel, nich eens hat was jebracht, und mein villes Jeld is wech."

Sehnse, drum loofe ich immer janz schnell beiseite, wenn mich eener Million'n vorsprechen tut. Sie nich?

Pfundije Fundsache

Neulich ham wer nu endlich ma den ollen Schrank von unsre Oma ausjeräumt. Der hat doch immer noch in die Bodenkammer rumjestanden. Wie wer se damals beerdicht hatten, war einfach keene Zeit jewesen, den ganzen Kram durchzuteewern. Aber jetz hat's eemt doch mal sinn müssen.

Also, was soll ich Sie soaren, was da alles so ans Licht jekomm is, heern Se bloß uff! Oma hat jeden Mist uffjehoom, alle Weihnachts- und Osterkarten, die Garnreste von ihre Stickerei, ein Haufen Andenkenkram, 'n ganzer Kasten Knöppe und die vielen ollen Illustrierten. Ich hab zu Heljan jesoacht: „Da kannste mal sehn, wie das for die Hinterbliemnen is, wenn eener immer bloß sammelt und sammelt und sich von nischt trenn kann."

Und wissen Se, was wer dann noch jefunden ham? Zwee ganze Rollen Klopapier von anno dazumal. Könn Se sich da druff noch besinn? Das kräftije De-De-Err-Lokuspapier? Das war doch sonne Art von Packpapier jewesen, strapazierfähich, jerippt, zach, nich umzubringen, Sie. Das hätte man bei Bedarf auswaschen können, uff de Leine hängen und nochmal verwenden.

Wissen Se, wenn ich mich die Rollen so ankucke, da weer ich doch richtig stolz. Ehrlich, Sie! Was müssen wir alten Ossis doch forn harter Menschenschlach jewesen sinn, daß wir das uff de Dauer so ausjehalten ham, wa?

Es jeht um die Bildung

Unser Koahler is sauer, Sie, weil se in die Schule nu ooch noch Englisch lern solln, und da hat der jar keen Schmack druff. Ich habn jut zujeredet und ihn erklärt, daß die halbe Welt Englisch sprechen tut.

„Na und?", hat er jefroacht. „Langt denn das nich zu?"

Sehnse, nu soaren Se mal was zu diese Antwort. Eijentlich hat er doch recht, wa? Aber heute braucht man eemt Sproachen, sonst kommt man nich weiter. Unser Koahler hatte ja schon ins vorichte Joahr sonne Schwierichkeiten. Ich mußte mich den mal ernstlich greifen, Sie. „Horch ma druff", hab ichn jesoacht. „Ich hab dein'n Lehrer jetroffen, der hat jemeent, es wäre ihn unmööchlich, dich was beizubringen." – Wissen Se, was dieser Kerl mich jeantwortet hat? „Da siehstes mal widder. Ich hab schon immer jesoacht: 'Dieser Lehrer doocht nischt.'"

Nu soaren Se mich mal, von woher der das bloß hat, wa? Da jibt man sich sonne Mühe, seine Krabben zu jebildete Menschen weern zu lassen, und denn muß man sowas orleem. Un dorbei is der nich dumm, Sie, fräächt mich: „Papa, woher wissen denn die Astronomen vornewech, wenn ne Sonnenfinsternis is?"

„Dämlack", hab ich jesoacht, „denkste, die lesen keene Zeitung, oder was?"

Was Scheenes forn Hals

Komme ich bei Krüjers annen Balkon vorbei, is die Frau draußen, stoobt ihr'n Lappen aus und lacht und lacht.

„Nanu, Frau Krüjer" soar ich. „Sie is woll'n neuer Witz einjefalln?"

„Nee, nee", soacht se, „ich muß bloß lachen, wissen Se. In mein Mann seine Stammkneipe da vorrkehrt jetz'n Künstler, der malt die ganzen Typen da drinne ab. Stelln Se sich ma vor, mein Mann in Öl – sonst kenne ich den bloß in Tran."

„Ist das denn so schlimm mit ne?", hab ich jefroacht.

„Hörn Se uff", meent se. „Das is balle nich mehr auszuhalten mit den. Soare ich zu ne: 'Jeh doch, mein Hase', denn jeht er aus Freude, soare ich: 'Nee, heute bleibste mal zu Hause', denn jeht er aus Gnatz."

„Loofen Se doch einfach mal mit, Frau Krüjer."

Die hat bloß abjewinkt. „Was soll ichn da in den Qualm? Und denn das Jesülze von die Kerle? Wissen Se, erst hab ich mein'n Alten gar nich leiden könn, jetz is er mich schon ganz gleichgültig." Ich hab jar keene Worte jefunden, Sie, bloß mitn Kopp jeschüttelt. „Aber es is doch immerhin Ihr Mann", hab ich denn jesoacht. „Heern se uff mit den", meent se. „Ich hatte mich zu mein'n Jeburtstach so uff ne schicke Kette jefreut und jesoacht, er soll mich was Feines for mein'n Hals koofen. Was schenkt er mich? 'n Sticke Seefe."

Na ja, Leute, bloß jut, wenn so eene denn ooch noch üwwer ihr'n Kerl lachen kann, wa?

Bei andre uff Besuch

Also manche Ehen sinn doch zu spaßich. Heern Se bloß uff. Treff ich doch Walter Hosse – kenn Se den? – Das is der kleene Dicke, der damals Futter for sein Aquarium koofen wollte, is bein Hasselbachplatz in den Zooladen rin und hat jefroacht: „Ham Se Flöhe?" Da hatn der Verkäufer anjekuckt und jesoacht: „Nee! – Flöhe? Da mußte mal ins Kino jehn, da krichste welche."

Also den Walter hab ich jetroffen. Mann, hat der sich jefreut! „Komm doch forn Momang mit ruff", hat er jemeent, „ich wohn doch gleich hier um de Ecke." Na, man is ja keen Spielverderber, wa? Ich bin also mitn mitjeloofen, die Treppe ruff, rin in die Türe, denn stand der da und hat jeschnuppert. „Es riecht nich anjebrannt", hat er jesoacht, „es muß heute was Kaltes jeem." Na, Sie, ich hab jar nich jewußt, was ich soaren sollte. Denn meent der doch: „Wundre dich nich über meine Frau, weeßte, die wird ja nu ooch jedes Jahr älter." Ich hab de Luft anjehalten, Sie. Ich kenn die doch noch von früher her, das war'n ganz heißes Eisen jewesen. Wirklich! So schlimm war die dann ooch jar nich, aber was soll ich Sie soaren, die ham sich doch ununterbrochen jekabbelt. Was die sich alles annen Kopp jeschmissen ham, so ville Schimpfwörter hab ich es ganze Jahr nich jehört. Nee, ich hab jemacht, daß ich da wechkam.

Unterwejens hab ich mich denn richtich uff meine Helja jefreut, Sie. Mach se manchesmal sinn, wie se will, aber liem tun wer uns beede doch, und das is schließlich de Hauptsache, wa?

59

Unterwejens ohne Bremse

Mein Nachbar is eener von die langsame Sorte, wissen Se. Mann, is der langsam. Wenn ich es morjens meine Brötchen holen tue, hab ich den hin und zurück dreimal überholt, Sie. Der is ins Büro. Na keen Wunder, daß man da so lange uff Antwort warten muß, wenn man mal hinschreibt. Neulich hab ich den deswejen mal anjequatscht und wollten 'n bißchen uffn Arm nehmen. Ist mich gar nich jeglückt, Sie.

Er meent: „Warum kriejen die Leute Herzinfarkt und Kreislauf und pipapo? Bloß wejen die Eile."

Sehnse, hat er vielleicht ooch widder Recht. Bei mich is das ja nu grade umjedreht, ich renne aus es Prinzip, Sie. Ich kann ooch nischt dorfor. Meine Helja schimpft ja ständich, weil ich immer fünf Schritte vor se hersausen tue, wenn wir zusamm uff de Straße jehn. Na ja, se hat ja recht, das jehört sich nich vonnen Kavalier; awer was will ichn machen? Bei mich muß der liebe Gott verjessen ham; ne Bremse inzubauen, dorfor hat mein Nachbar velleicht zwe'e abjekricht, kann man's wissen?

Ich soares ja immer widder, alles uff die Welt is unjerecht vorrteilt, das müssense doch woll ooch zujeem, oder?

Planvorsprung

Kommt mich doch unverhofft in die Anlagen mein oller Kolleje Manfred Schütze entjejen. Ich hätte den fast nich erkannt, Sie, ganz jrau und lauter Falten ins Jesichte. Ich wäre ooch glatt an den vorbeijeloofen, wenn der mich nich so intensiv anjestrahlt hätte.

„Tach, altes Haus", meent er.

„Tach ooch! – Nu, soare mal, Manfred, du hast aber ooch schon besser ausjesehn als wie jetze. Biste krank?"

„Ach, na ja", meent er. „Direkt krank woll nich, wa? Awer es kommen eemt immer mehr Wehwehchen zusammen. Bloß ich soare mich eens, weeßte – solange es Bier noch schmekken tut, kann es so schlimm nich sinn, wa?"

„Warste denn nich mal bein Dokter?"

„Ach, na ja, was solls? Arznei nehme ich sowieso nich in, also horcht der een'n ab und jibt gute Ratschläje."

„Na, das is doch ooch nich vorrkehrt, oder?"

„Das nich, awer der hat jesoacht, ich soll täschlich bloß een Glas Bier trinken, weeßte?"

„Hälst de dich denn dran?"

„Nu, feste."

„Und das jeht?"

„Das jeht jut, Mann. Zur Zeit trinke ich ins übernächste Jahr."

Na, denn Prost, oder?

Pfoten wech!

Neulich is mich doch unverhofft Erwin innen Weech jeloofen, der wohnte von kleen an bei uns ins Nachbarhaus. Na, was soll ich Sie soaren, der hatte natürlich widder de Hand vorbunden. Unjeschickt läßt jrüßen. Wissen Se, der is nämlich Bastler; aber froaren Se nich, wie ofte der sich'n Finger jeklemmt, ins Been jesäächt und uffn Daumen jehauen hat: Ständich woar der vorrpflastert jewesen. Ich habn mal jefroacht, warum er das nich lassen tut, da hat er jemeent: „Na, eene Freude muß der Mensch doch ham, wa?"

Und jeflucht hat der, wenn den sowas passiert is; aber das Fluchen, das warn Erbstück von seine Tante jewesen. Die hättn Se mal fluchen hörn solln, wenn die es Sonntachs inne Kirche wollte und konnte das Jesangbuch nich finden. Die hat fließend zwee Sproachen jesprochen, Sie, eene, wenn Besuch kam und die andre, wenn se mit die Familie alleene jewesen is.

Ja, nu hab ich also Erwin widderjetroffen. Ich soare zu ne: „Na? Biste immer noch ans Basteln?"

„Wieso", fräächt der.

„Na da, Erwin, dein Vorband."

„Ach was", meent er. „Da is mich doch eener druffjetreten, wie ich jestern aus die Kneipe jekomm bin."

Sehn Se, so kann man sich irren, wa?

Glück mits Jeld

Hab ich Kurtin jetroffen. Der war wie abwesend, gar nich ansprechbar, Sie. „Mann", soare ich, „was is denn mit dich los?"

„Stör mich nich", meent er, „ich muß uffpassen, ich hab heute meinen Glückstag."

„Oh", soare ich„neue Freundin, oder was?"

„Nee, nich so, wie du denkst. Es jeht mehr ums Jeld, weeßte? Das stand in mein Horoskop drinne, hier liss ma: Heute müssen Sie achtgeben, das Glück läuft Ihnen über den Weg. Überraschung in Gelddingen! – Na? Was soachste nu?"

„Mann, was soll ich soaren? Denn weeß ich ja endlich, von wen ich heute 'n Bier spendiert krieje."

„Nee", meent er, „momentan bin ich knapp. Mich hat doch vorhin eener innen Boahnhof mein Portmonneh jeklaut, weeß der Deibel!"

„Kurti", soare ich. „Uff sowas paßt man doch 'n bißchen besser uff."

„Kann ich doch nich. Heute an mein Glückstag muß ich doch uff meine Überraschung spann von wejen die Jelddinge und so."

Manche merken ooch jarnischt.

Der Leemskünstler

Könn Se sich noch an olle Fritze Baumgarten erinnern? Der war doch ma Beleuchter ins Stadttheater jewesen. Ein Orjanisationstalent, kann ich Sie soaren, das jabs bloß einmal. Innen Kriech und kurz hinterher, da hat der Quellen uffjerissen, das gloom se nich. Wenn eener was jebraucht hat, Fritze froaren.

Am Dollsten war's mit die Russen. Der wohnte doch in Cracau. Kam er abends von die Vorstellung aus de Harmonie, da war de Elbbrücke abjesperrt. Fritze hat seinen Bühnenausweis, jezogen und jesoacht: „Artist!" – Sie, das is bei die Russen wie son Zauberwort jewesen, da ham die ne jewaltije Achtung for jehabt. Na, wie das an die Brücke so prompt jeklappt hatte, is Fritze von da an mit sein Ausweis in jede Kaserne rinjeloofen un hat sojar bei die inne Kantine injekooft. So war der jewesen, Sie.

Wenn der bloß nich so ville jesoffen hätte. Nach'n Kriech, da wurde doch aus jede mööchlije Brühe Schnaps jebrannt. Fritze hat alles jenomm, was scharf jeschmeckt hat. Ich hab'n mal jetroffen, wie der vonnen Dokter kam. Meent er doch: „Der hat jesoacht, mich fehlt nischt, ich wäre bloß'n Säufer. Hab ich mich bei ne erkundicht, obs dafür nich ooch'n lateinischen Namen jibbt, for meine Frau, weeßte? Der Doktor hat jesoacht: 'Ergo bibamus', Mann, das klingt doch nach was, hab ich mich jleich uffjeschriem, velleicht jibts da druff noch ne Rente oder sowas."

Sehnse, so war Fritze Baumgarten, na, der lebt ja nu ooch schon lange nich mehr.

Ein steinreicher Mensch

Vorichte Woche hab ich Herrn Petrenz kennjelernt. Er hat uff ner Parkbank in de Sonne jesessen und hat stille vor sich hinjelächelt. Ich hab jesehn, daß der irjendwas zwischen seine Finger hin- und herbeweecht hat, konnte aber nich erkennen, was das nu eijentlich jewesen is. Nachdem ich so zehn Minuten stille neben ihn jesessen habe, soacht der doch ufnmal: „Sie müssen mich nich for bescheuert halten; aber ich freue mich über'n kleenen Stein."

Was meent der, hab ich jedacht? Da seh ich doch, daß der uff seine Handfläche tatsächlich 'n Stein zu liejen hat. Nich etwa 'n Edelstein oder sonstwas Wichtijes, nee, 'n ganz jewöhnlichen kleenen Stein. „Wissen Se, wo der her is?", fräächt der. „Der is janz oom von'n Brocken, hab ich selber uffjelesen, vorijen Freitach, als Andenken."

„Und nu?", hab ich jefroscht.

„Nu jar nischt", meent der. „Der jehört zu meine Sammlung. Die müßtense mal sehn', da is 'n Stein von de Schneekoppe bei, und zwe'e sind von die beeden feindlijen Feldherrnhüjel aus die Schlacht von Königgrätz, lauter bedeutende Orte, Sie!"

Was soll man zu so eenen soaren? Briefmarkensammler, Münzen, Mineralien, Ansichtskarten, kann man ja alles vorstehn – aber ganz jewöhnliche Steine, bloß weil die von irjendwoher sind? „Damit könn se doch jar nischt anfangen", hab ich jesoacht. Er hat widder bloß jelächeit. „Es jibt Leute, die sammeln Jeld, fangen aber ooch nie was damit an", meent er. „Hab ich mich jesoacht: Kannste ooch kleene Steine sammeln, das kommt ans Ende uff das selbe raus."

Sehn Se, es kommt eemt widder mal garnich druff an, von was eener glücklich wird. Hauptsache überhaupt, wa?

Der Nieselpriem

Sie kenn doch den ollen Krüjer aus die Nummer fuffzehn, ja? Also, das is so'n richtijer Nieselpriem jeworden, kann ich Sie soaren. Latscht rum wie schon halb abjemeldet. Ehrlich, Sie. Und wenn man den fräächt, wie's ihn jehen tut, denn soacht der aus es Prinzip: „Ach, schlecht!" Und denn zählt der een'n uff, wo's ihn überall weh tut und was nich mehr funktioniert bei ne und was der alles innehmen tut.

Nach den sein Reden müßte der schon lange übern Jordan sinn. Der hat ja schon vor zehn Jahre jesoacht, daß er nich mehr lange leem würde. Damals schon. Der hat ja ooch mit alles uffjehört, was Abwechslung ins Dasein bringen kann. Der war doch mal aktiv in son Männerchor jewesen, „Dufte Kehle" oder so ähnlich. Alles vorjessen. Der lebt doch bloß noch von seine villen Krankheiten, Sie. Wenn der nich krank wäre, denn wär der nich jesund, gloobe ich. Doch, sowas gibt es.

Ja, ja, es loofen schon etlije solche Faxenmacher bei uns rum. Wie der noch Auto jefahren is, hatte der mal ne Annongse uffjegeem, den Text, den hab ich jenau behalten: „Derjenige Verkehrspolizist, der mir gestern am Hauptbahnhof wegen versuchter Einfahrt in eine gesperrte Straße zwanzig Mark abgenommen hat, wird gebeten, zwecks Beruhigung meiner Frau baldmöglichst bei mir vorzusprechen. Wolfgang Krüger, HA 40-23."

Na, die Sorjen hat er nu nich mehr, aber die andern, die rnacht der sich ooch ganz alleene, der olle Nieselpriem.

Freundliche Leute

Wir waren zun Jeburtstach bei Seiferts injeladen. Die ham ja ihren Jarten gleich bei uns. Man hilft sich jejanseitich, jibt sich Ratschläje. Denn heeßt es übern Zaun wech: „Wie isses? Trinkste 'n Bier mit?" – Na, und Helja hatte een Nachmittag 'n Kirschkuchen jebacken, da ham wir paar Stücke rüberjereicht, und so kam das eemt, wissen Se?

Und nu der Jeburtstach. Die wohn'n ja in son Hochhaus – ich könnte da nich leem, ehrlich, Sie. Ich hab unten vor die villen Klingelknöppe jestanden wie bescheuert. Denn hat Seifert aus die Wand raus jesoacht, wir sollen ruffkommen innen siemten Stock. Zum Glück war in den Fahrstuhl 'n junger Mann jewesen, der hat uns jefroacht, wo wer hinwolln.

„Siemter Stock", hab ichn jeantwort't, „falls es for Sie keen Umweech is."

Nu warn wer also da. Ehrlich jesoacht, Sie, sowas von Freundlichkeit bei die Seiferts, das hat's lange nich jejeem. Das is 'n wunderscheener Nachmittach jeworden, und eenen Konnjack hatten die stehn, alles was recht is. Sehnse, so unterschiedlich is das. Bei Kuhnkes, mit die wer sonst jefeiert ham, da jabs immer bloß Wasser. Aber Wasser is mich zu kräftich, das treibt ja Turbinen an; Seiferts Konnjack is da wenijer jefährlich, und dann ooch noch so freundlich anjeboten.

Na ja, wer 'n Jarten hat und 'n Hund, das kann eben keen schlechter Mensch sinn, soare ich immer.

guter Mensch

Festtagsopfer

Leute, is mich schlecht! Wirklich. Na, ich lasse mich ja nie widder uff sowas in. Wir hatten doch bei uns inne Siedlung ne Straßenpahrty jefeiert mit Kinderfest, Kejeln und jemeinsamen Imbiß. Da war denn Karl, der olle Dussel, uff die Idee jekomm, unter die Hausfrauen en Wettbewerb auszuschreim: „Wer macht den besten Salat?" Und was soll ich Sie soaren, hatten die mich doch mit in die Jurie jewählt. Nu stelln Se sich ma vor, Sie müssen von achtzich Salate kosten, eener mit Majonnaise, der andre mit Kettschapp und der dritte denn womööchlich mit zu ville Essig drinne.

Ich hab ja zwischendurch immer mal widder'n Kleen' jenomm, man muß sich ja die Jeschmacksnerven widder freispülen, sonst schmeckt een'n zum Schluß alles ejal, und Sie könn keen Urteil mehr abjeem. Also, was soll ich Sie soaren, ich war hinterher ganz alle und hatte denn schon bei die Preisverteilung so'n dolles Sodbrenn wie lange nich mehr und hab denn jlücklich als Erster nach Hause jehn müssen und konnte von den Abschluß mit Lampions und Feuerzangenbowle kein'n Fatz mehr mitkriejen. Das is nu der Dank for meinen Insatz, wa?

Na, Karl soll mich bloß übern Weech loofen, den werd ich schon was erzählen immer mit seine dämlijen Ideen. Aber der war schon als Kind so jewesen, hat die dollsten Schoten ausjeheckt, und wir andern haben hinterher 'n Arschvoll gefaßt.

Der Denker

An Wolfjank isn Philosoph verloren jegangen. Der macht sich über alles 'n Kopp, und was der dann soaren tut, das hat Hand und Fuß. Wirklich. Vor Kurzen hab ich mit ne vorn Schaufenster jestanden, lauter so bunter Tinnef drinne, Fijuren und – na, Se wissen schon. „Nu kuck dich disn Kitsch an", hab ich jesoacht, „der reenste Schund."

Wolfjank hat seine Stirne in Falten jeleecht und jemeint: „Wie kann das Schund sinn? Das hat doch Einfälle, Jedanken, Arbeet jekostet, jemand hat sich was dabei jedacht, und wäre es bloß, um das Erjebnis zu Jeld zu machen. Das is doch ooch ne Uffjabe. Jeld schafft Brot, Blumenbuketts, Hosenträjer, lauter nützliche Sachen."

Donnerwetter, hab ich jedacht, diserWolfjank. Wo der Recht hat, hat er Recht. Wie wer beede noch in de Schule warn, hat dern Tagebuch jeschriem, das wollte den mal unser Lehrer wechnehmen. Na, da hätten se Wolfjanken hörn solln. Der hat jesoacht: „Ich lasse mich doch nich in meine Psyche rumkramen." Das hat solchen Eindruck jemacht, daß der Lehrer bloß noch jelacht hat.

Von Wolfjank hab ich ooch dir schönste Entschuldijung fors Nischtmachen jehört: „Die Faulheit ist der Fleiß der Träumer." Weeß der Deibel, von woher der das hatte; aber wenn eener sowas von sich jibt, das macht Eindruck, kann ich Sie soaren.

Ja, ja, de Jedanken sind frei, man muß bloß wissen, von wo man welche herkricht, woa?

Der Erfinder

Jeh ich durch de Anlagen, sitzt da eener uff die Bank und kuckt janz traurich vor sich hin. Nu jeht mich das ja eigentlich nischt an; aber wenn ich een'n leiden sehe, kann ich nu mal nich bloß so vorbeijehn, als wie wenn das jar nischt wäre. Hab mich also dazu jesetzt. Der hat in eene Tour wech jeseufzt.

„Nanu", hab ich jesoacht, „kann ich Sie helfen? Ham Sie'n Kummer?"

„Ach, hörn Se uff", meent der, „es is zu traurich. Na ja, Sie könn das nich wissen, ich bin der Mensch, der die Witze erfindet."

Ich denk, der will mich uffn Arm nehmen, habe keen'n Ton dazu jesoacht; aber das war ooch jarnich notwendich jewesen, der hat von janz alleene weiterjesawwelt.

„Ich bin sozusagen een Naturtalent", hat er jemeent. „Mutterwitz, verstehn Se? Ich sehe in jede Situation den Kontrast. Schon beis Militär hab ich alle Vorjesetzte in dreckije Unterhosen jesehen, und ooch sonst, die rassichsten Kurven erweisen sich ohne BH ofte als der reenste Schwindel. Bautz, schon hab ich'n neuen Witz. Witze leem vons unerwartete komische Ende. Übrijens, kenn Se den schon ...?"

Denn hat der mich doch uff Anhieb drei janz neue Witze erzählt, ich war vonne Socken, hab michn Bauch jehalten vor Lachen. „Mann", hab ich jesoacht, „und denn warn Sie vorhin so traurich?"

„Na ja", meent er, „ab und zu muß man sich doch ooch mal entspannen, wissen Se? Ich denke denn immer dran, daß doch keener so beklaut wird als wie jrade ich. Meine Witze wern weitererzählt, de Zeitungen drucken se ab, und ich krieje keen'n Pfennich. Aber gloom Se, een'n intressiert das? Nich mal de Polizei will mich helfen."

Ja, sehn Se, denn saß der widder da wie'n Haufen Unjlück; aber ich weeß doch ooch nich, was dajejen zu machen is.

Koofen – oder nich koofen?

Seinerzeit wollte Helja unbedingt son französisches Bette ham, for die so ville Reklame jemacht worden is. Sie wissen doch, son breites Ding for beide, so ne Art Penntandem. Heute wäre se's nu am liebsten widder los. Ehrlich! Und ich soll Schuld dran sein. Se meint, ich wäre'n Rotationsschläfer, de janze Nacht würde ich mich um und umwälzen. Und denn täte die jemeinsame Matratze so unverschämt wippen, daß Helja immerzu munter wäre. Die kann mich ja ville erzählen, woa?

Ja, man hat in die erste Euphorie manches jekooft, was man heute jerne widder zurückbringen würde. Es war eemt was Neues, daß man nich mehr ins Kaufhaus jing, um zu kucken, was grade da is. Wennste heute nich jenau weeßt, was de da willst, denn jehste am besten joar nich erst hin. Inzwischen ham wer uns ja nu ooch an die Reklame jewöhnt und wissen, was man davon zu halten hat. Und wenn de wirklich was koofen willst, du weeßt ja: Zu Risiken und Nebenwirkungen fragen Sie Ihren Arzt oder Apotheker! – Aber die beede können ja ooch nich alles wissen, woa?

Meine Helja is ja nich halb so skeptisch als wie ich. Se meint, man muß alles erst mal ausprobiern, denn kann man ooch mitreden. Aber was das denn immer kosten tut. Neulich warn wer uns ooch über irjendwas nich janz einich, da soacht se: „Du meckerst aber ooch immer!"

„Nee, nich immer", hab ich jeantwort't, „aber immer öfter!"

Eener ohne Kurahsche

Daß Kurti'n bißchen dumm is, dafor kann der nich. Das is eemt so bei den. Der is ja schon seinezeit bloß in de Schule jegangen, um zu Hause Kohlen zu sparen. Na, ja, was solls? Aber daß der sich von jeden alles jefallen läßt, das nehm ich den übel. Wissen Se, der is wie son Jummiball, hat nie ne eijene Meinung, sichert sich nach alle Seiten ab. Ein supervorsichtijer Mensch, kann ich Sie soaren: Bloß bei keen'n anecken!

Seinerzeit hatte der mal 'n Brief an de Kirchenbehörde zu schreim, hatte mich jefroacht, wie er die denn anreden muß und ob er sich damit nich Ärjer einhandeln würde. Denn sollte ich mich den fertijen Brief nochmal durchlesen. Wissen Se, wie der unterschriem hat? „Mit sozialistischem Grüß-Gott!" Schön, woa? Kurti hat eemt immer Angst. Der würde ooch nie fliejen. Wie ich den mal jefroacht habe, ob er 'n Kosmonaut sein möchte, war der richtich erschrocken, Sie.

„Um Himmels Willen", soacht der, „Astronaut und denn womöchlich ins Ozonloch fallen, woa? Oder stell dich vor, da kommt een mitmal son Hämmoritenschwarm entjejenjeflogen, oder wie das heißen tut." – Und bei sowas, Sie, da macht der immer 'n Jesichte, das jradezu nach Ohrfeijen schreit.

Na, nu soaren se doch ma selber, wie kricht man son Menschen dazu, daß der mal 'n bißchen Selbstbewußtsein entwickeln tut und nich immer bloß 'n Zurückzieher macht. Ich weeß mich mit den keen Roat mehr.

Der Privat-Transparentieh

Der olle Karl Döppe hat sein Haus vorrkooft un is ins Altersheim jezogen. Ist ja ooch besser for den, wo der doch seit zwee Jahre schon janz alleene war. Karl is früher der Sichtwerbungsfanatiker von unsre Gejend jewesen. Zu jede Jelejenheit hatte der'n Transparent jemalt und in sein'n Vorjarten uffjestellt.

Sie wissen, doch noch, wie das damals war, überall konnte man die amtlijen Zaubersprüchlein lesen: Vorwärts zu alles mööchlije, zu Ehren des ... Alle Kraft für ... es lebe ... – Ach ja, weil wer jrade vons Leben reden. In'n Anfang hatte Karl an de Wand von sein Waschhaus groß dranjemalt: „Es lebe der 1. Mai!" Janz abjesehen davon, daß Tage überhaupt nich leben könn, hat Karl nach den jroßen Festtag das widder wegmachen wollen; aber die Farbe war so intensiv jewesen, daß die Schrift immer widder durchkam. Karl hat also den 1. Mai ooch zu Weihnachten noch leben lassen. Irjendwer muß den das dann aber mal jesoacht ham, jedenfalls hat Karl denn den Putz wechjekloppt und neu jemacht.

Wejen seine Privattransparente innen Jarten jabs denn ooch mal Ärjer. Er hatte ne eijene Losung erfunden und uffjestellt. Na, das jab's ja nu jar nich. Losungen kamen immer von janz oom, und se ham in die Zeitung jestanden, und Abweichler wurden nich jeduldet. Kinder, nee, was ham wir doch mal so for Sorjen jehabt, woa?

Unterhaltung mit die Jäste

Also, ich sitze ja zu jerne ma es Abends so for ne Stunde in de Kneipe. Nich etwa, daß ich uffs Saufen aus wär, nee, das ja nu jar nich. Aber da kannste Menschen kennlem. Manche, die sitzen ewich vorn Spielautomaten, starrn da druff und jloom, daß nu jleich das jroße Jlück for se da rausklimpern würde. Andre, die dreschen ihren Dauerskat. Denn jibts so wecke, die wolln sich ausjammern, nun, und die mußte denn eemt trösten, wennste 'n Mensch sein willst. Jibstn een aus und hörstn zu, das hilft den denn schon.

Lustich sinn die Politiker. Oh, die wissen janz jenau, wie rejiert weern muß, die stecken die jroße Konkurrenz in Berlin jlatt in de Tasche, wenns sein muß. Bloß von die mußte dich fern halten, die nassauern nämlich jerne. O ja, Politiker sind hart ins Nehmen – ejal von woher es kommt.

Leider sitzen ja nu ooch ville Arbeitslose drinne, die armen Kerle. Sie singen denn da ihre berechtichten Klagelieder. Neulich kam eener rin und hat sein'n Hund mitjebracht, 'n dürres Tier, kann ich Se soaren. Er hat immer jelinst, ob er nich von een'n ne Bockwurschtpelle erjattern würde. „Junge", soare ich zu den sein Herrchen, „kannst du dich denn das noch leisten mitn Hund?"

Da meent der doch: „Mann, dafor jibts zehn Mark Sozialhilfe, das is doch schon widder 'n Bolzen!" Sehn Se, so langsam lernen wir Ossis es Rechnen uff alle Jebiete, woa?

'n janz besondres Exemplar

Also, wenn de dich mit olle Willi unterhalten tust, das is grade, als wie wennste'n Hund nach Bratworscht schickst. Der war ja schon in die Schule von uns alle der Blödeste jewesen, und das will was heißen, Sie. Kommt der kürzlich an un soacht: „Diese Weiber! Meent doch meine Wirtin, ich soll, wenn ich es nachts nich zu Hause bin, lieber es Licht brenn lassen von wejen die Inbrecher. Na, son Quatsch, wa? Die ham doch Taschenlampen."

Was soll man so een'n antworten? Der hat ja ooch nie ne Frau abjekricht und is ewich Jungjeselle jebliem. Ma hatte der eene, die war janz passabel jewesen, aber die hat der ooch widder loofen lassen. Wie ichn danach jefroacht habe, hat er jemeent: „Hör uff! Das muß ins frühere Leem 'n Waschbär jewesen sinn. Die macht dich reene von es Morjens an bis inne Nacht. Jetz hat die doch glatt vorrlangt, daß ich mich jeden Aamd de Beene wasche. Na, und ehe ich mich zu sowas entschließen tue ..."

Neulich treff ichn es aamds, steht er da annen Zaun. Dahinter hopst son kleener, freundlijer Hund rum, der bellt und bellt, und Willi traut sich nich vorbei. Ich soare: „Nu jeh doch, Willi! Hunde, die belln, beißen nich, das weeßste doch!"

„Ja", meent er, „ich weeß das schon; aber weeß das ooch dieser Hund da?"

Na, nu soaren Se ma selber, was soll man bloß von so een'n halten, wa?

Man sollte's nich gloom

Also, wie manche mit ihre Frauen umjehn, ich weeß nich. Hab ich doch in die Koofhalle olle Willem jetroffen, der hatte den janzen Wagen voll mit Konserven. „Nanu?", hab ich jefroacht, „wollter mit die Büchsen inne Wildnis, oder wat?"

„Ach", soachter. „Ich weeß ja, es is bekloppt; aber Paula kann sich immer noch nicht dran jewöhn'n, daß es nu alles jibt. Da wird uff Vorrat jekooft, Nudeln, Linsen, Bohn'n, Erbsen, alles injepackt, was da is. – Na ja, es hält sich ja und frißt keen Brot, wa?"

„Habt ihr denn so ville Platz bei euch zu Hause?"

„Ach, na ja, das schon", meenter. „Wir ham ja ooch früher ville zu stehn jehabt, Paula hat doch injeweckt, was se unter de Fingern kam. Eenmal, du, da is uns doch'n Jlas mit Erbsen innen Schrank explodiert, und de Tassen sind rausjeflogen. Die Erbsen findste jetz noch bei uns in alle Ecken."

„Wie is denn deine Frau ihre Abmagerungskur jeloofen?", hab ichn jefroacht. „Soweit janz jut", meenter, „man sieht's ooch schon. Aber soare se das nich, hörste, sonst kommen meine Pläne durchnander."

„Versteh ich nich."

„Ich hab se doch ihre olle Woage vorrstellt, nu ärjert se sich, daß se nich abnimmt und jräbt mich wie wild'n Jarten um, und das kann mich doch woll bloß recht sinn, oder?"

Was soll man bloß zu so een'n soaren, wa?

Der Krankheitsfleejer

Wir warn bei unsern Schwoarer uff Besuch jewesen, der hatte nämlich Jeburtstach. Also, wissen Se, ich war froh, wie wer denn widder jegangen sinn. Die janze Zeit hat der bloß von seine Krankheiten erzählt. Der is ja aus Prinzip krank. Wenn das nich so wäre, denn wär der nich jesund, Sie.

Beis Kaffetrinken hättn Se das sehn solln, lauter Pillen rund um seine Untertasse, rot, jrün, jelb, das for vorher, das for mittnmang und das for nachher. Na ja, des Menschen Pille is sein Himmelreich wa?

Der war schon von kleen an so jewesen, Sie, der hat mehr Zeit bein Dokter verbracht als wie inne Schule. Dabei müßtense den mal sehn, 'n Kerl wie – na, ich weeß joar nich, der wird uns woll ooch noch alle überleem. Und Bescheid weeß der, der kennt die janzen lateinischen Namen von seine Wehwehchen, und freuen tut der sich, wenn widder was dazukommt, wie son Briefmarkensammler über ne neue Sondermarke.

Wir hatten ja lange ewwerleecht, was wer den schenken könnten, denn ham wer ne große Packung Erfrischungsbonbons jenomm. „Die mußte scheen lutschen", hat meine Helja jesoacht, „da drinne is viel Vietnam C." Na, da hättn Se den aber mal hörn solln, der hat Se erst mal uffjeklärt, wie die Wirkstoffe alle richtich heeßen tun und was forn Effekt die abjeem. Ich habn denn aber doch noch was soaren kenn, was der nich wußte: „lß viel Schweizerkäse, nischt schont den Magen mehr als wie die Löcher innen Käse." – Da war der denn endlich stille, Sie.

Es steht in die Sterne

Seit wir an die Weltentwicklung anjeschlossen sind, jibt es ja ne Menge Sachen, die wir vorher jar nich jekannt ham. Zum Beispiel diese Horoskope for die Leser. Also, wissen Se nee, ich muß immer lachen, wenn ich meine Dinger lese. Wir halten ja nu bei uns drei Zeitschriften, ich kann mich also aussuchen, was mich Spaß macht. Schon mit die Sternzeichen. Ich bin ja Löwe, und meine Helja is Steinbock, das alleene is ja schon ulkich, wa?

Mich fällt immer in, wie Justav seine Frau es aamds inne Kneipe jekomm is un wollte ihren Suffkopp da abholen. Da war grade eener drinne, der hat so kleene Amulette vorrkooft, niedlich, for jeden sein Sternzeichen in Silber. Er wolle nu Justavn seine ooch was vorrkoofen, velleicht ooch als Jeschenk for de Vorrwandtschaft und hat se nach die Sternbilder jefroacht.

Da hat die jeantwort't: „Also, ich bin Jungfrau, Schwiejervater Wassermann, de Oma is Krebs, und mein Mann – nu kucken Se sich den an – mein Oller isn Schwein."

Also, ehrlich, Sie, bei mich hat noch nie was jestimmt; könn se gloom. Manchmal soaren die Dinger in die verschiednen Zeitungen doch jrade es Jejenteil von die andern. Ich hatte mich so druff vorrlassen, wie mich neulich ne reizende Bekanntschaft vorrsprochen worden is. Wissen Se, wer ankam? Der Jerichtsvollzieher. Nu soaren Se doch ma selber, und da soll man nu an die Sterne gloom?

Horrorskop

Beschäftijung mit neue Mieter

Bei uns neeman in die leere Wohnung sinn jetz Ausländer rinjezogen, freundliche Leute mit zwee Kinder. Der Kriech hat se vorrtriem, na, das kennt man ja noch von fümmenvierzich her, wa? Damals sinn ja ooch ville Machteburjer uff Wanderschaft jewesen mit nischt weiter, als was se uffn Hintern jetragen ham.

Jedenfalls ham wer uns hier in die Nachberschaft jeeinicht, daß wer die fors Erste 'n bißchen mit unter de Arme jreifen, Kurti un ich und mein oller Freund Jerhard. Wir ham nach Wäsche jefroscht und Hausrat, und denn ham wer ooch noch dis und das an olle Möbel bei die rinjeschleppt, und die ham sich ehrlich jefreut drüwwer. War janz schön anstrengend, kann ich Sie soaren. Kurti hatte woll vorher 'n bißchen ville jespachtelt, jedenfalls hat der bei die Oarbeet immerzu uffjestoßen.

„Rülps nich so", hab ichn jesoacht. „Was solln denn die Leute denken?"

„Wieso?", meent der. „Die vorrstehn doch keen Deutsch."

Se ham aber dann doch'n bißchen Deutsch verstanden. Er soll ja in die stilljeleechte Järtnerei mit arbeeten, die will doch nu eener widder uffmachen.

Der Eenzije, der nischt jeem wollte, war übrijens Franz Rogowski von schrääch jejenüber. Der hat an die Türe jesoacht: „Ausländer raus!"

Da hab ich'n jeantwort't: „Denn mußt du aber ooch raus, dein Jroßvater war noch'n Pole jewesen, der is hierherjekomm in die Landwirtschaft und denn bei eens von die Mädels da festjeklebt. Ham se dich das nie erzählt?"

Da hat der keen Wort mehr jesoacht und fix'n ollen Anzuch von sich rausjekramt.

Ja, manche muß man erst uff alles mit die Neese druffstoßen.

Eens uffs Ooge jekricht

Manchmal sitzt doch richtich der Deibel drinne. Wollte ich letzten Sonntach was in meine Äppelbäume machen und haue mich'n Ast uffs Ooge. Hin nach de Bereitschaft. Na, da war was los, kann ich Sie soaren, jrade so, wie wenn die alle bloß uffn Sonntach jewartet hätten, sich was ans Ooge zu holen. Nu wissen Se ja, wie das jeht in son Warteraum. Manche ziehn bloß stille for sich'n Jesichte, andre jammern rum, und widder andre, die unterhalten denn de janze Jejend.

Da war eene mit ihrn Mann jekomm und hat den beleecht, froaren Se nich! Hat den ununterbrochen mit Vorwürfe bedacht: „Heer uff mit dein Rumjekrunxe! Bist doch selber schuld. Was mußte dich ooch mit den da prüjeln, besoffen und denn noch unter Alkoholeinfluß. Hättste was jesoacht, ich hätt mich vor den hinjestellt und'n anjekuckt. Du weeßt doch jenau, wie wütend ich kucken kann. Awer nee, mußt erst eene uffs Ooge kriejen!" So jing das weiter in eene Tour wech. Ihr Kerl hat keen'n Ton jesoacht, was sollte der denn ooch antworten, wa? Wir andern ham uns ooch bloß alle anjekuckt.

Wie die denn wech warn, soacht der neem mich: „Mann, schade for den, daß der nischt mit de Ohren hat, wa?"

„Wieso denn das?", hab ich jefroacht.

„Na ja", meent er, „sowas zu Hause und denn nischt hörn kenn, das muß doch ne Wohltat sinn." Kann Sie soaren, so is in das Wartezimmer da woll noch nie jelacht worden, und mein Ooge, das hat ooch nich mehr so wehjetan, kenn Se gloom.

Sorjen von een'n Fußjänger

Langsam kricht man ja Angst, uff de Straße zu gehn bei den Verkehr. Ich kann immer bloß mitn Kopp schütteln, Sie. Steh ich doch neulich in Machteburch bein Hasselbachplatz an die Haltestelle, kommt doch eener mits Auto an, kuckt und kuckt und fährt denn mitnmal den Kreisverkehr falsch rum lang. Könn Se sich das vorstelln? – Direkt an die Ecke stand'n Poliziste, den hat der Arm mit die Pfeife jezuckt, aber er hatn jar nich hochjekricht, der hat das nämlich nich jegloobt, was der da jesehn hat. Ehrlich, Sie.

Unter die Autofahrer muß es ganz schön Bekloppte jeem, Sie. Was man so ins Fernsehn mitkricht von Unfälle und Raserei und so, da fräscht man sich manchmal, ob die denn noch richtich ticken. Bei uns in die Nähe is inne vorichte Woche eener annen Boom jekachelt, der hat beis Fahren mit die eene Hand telefoniert und mit die andre jelenkt und jeschaltet, na und denn müssen den mitnmal 'n paar Fingern zu irjendwas jefehlt ham. Na, nu liecht er ins Krankenhaus und hat endlich ma richtich Zeit, über alles so nachzudenken. Ist ja ooch was wert, wa?

Ich froare mich so manchesmal, was das noch weern soll. Ooch mit die Sauferei bei die Autofahrer. Hörn se uff! Hat sich eener die Karre in Klump jefahrn und wird jefroacht: „Oh, Unfall? Aquaplaning?"

„Nee, Aquavit."

Sehn Se, und da soll unsereens noch ruhich bleim bei?

Noch so eener

Also, was soll ich Sie soaren, komme ich annen Boanhoff vorbei, steht da eener, kuckt mich an, grient wie ne Saatbolle und meent: „Dich jeht's jut, wa?" – Ich denke: Mann, wer is'n das? Na klar, olle Jünter Kohlhoff, mit den ich zusammen in de Schule jegangen bin. Sowas, nee! Wir sind uns vor alle Leute in de Arme gefalln.

Se wissen ja selber, wenn man sich nach etliche Jahre widdertrifft, denn sprudeln die Erinnerungen man bloß so aus een'n raus. Von Jüntern is mich gleich injefallen, wie wir als Jungs noch leere Flaschen jesammelt ham, da hat der doch die ganzen Neijen zusammjekippt und das Zeuch ausjepichelt – und denn hat der seine Oma durch de Stube jeschaukelt. Ehrenwort!

„Na?", froare ich, „was machstn jetz so?"

„Mal dis, mal das", soachter.

Ich hab uff sein'n Bauch jetippt. „Hast dir aber'n janz schönes Wohlstandsmonument zujeleecht."

„Ja, der Dokter meent, ich soll Sport treim."

„Und? Machste das?"

„Na klar, ich ringe täächlich um meine Existenz. Und ich hatte sonne scheene Stelle jehabt; aber se ham alles, was über fuffzich is, aus ihre Listen jestrichen."

„Und da hast du dich also freundlich verabschiedet."

„Freundlich? Wat denn? Solche Leute ooch noch belohnen?"

Es jeht'n also uff deutsch belämmert. Na, wir ham uns dann in die Gastwirtschaft jesetzt und unser Widdersehn begossen. Ob's ihn jetröstet hat, weeß ich nich. Zum Abschied hat er jesoacht: „Ja, Junge, der Himmel hängt voller Arschgeijen." Hat der nu jemeent, daß er selber da ooch mit hängt – oder gar ich?

Nich mehr app tu deht

Wissense, die Musik von die jungen Leute heutzutage, also for uns Olle is das nischt mehr. Uns tun de Ohrn weh, wenn das zu laut wird, na und denn so ville uff Englisch, das ham wir ja nie jelernt, da könn die uns vorsingen, was die wollen. Na, und denn dise Sänger, hampeln und kreischen da rum, na ich weeß joar nich.

Eene is dorbei, die singt wie'n Reibeisen, das schmerzt richtich. Da möchte man als mitleidijer Mensch direkt sammeln jehn, damit die mal bein Hals-Nasen-Ohrenarzt hinkann, daß der die was zu Jurjeln verschreibt. Und denn die andre, dise Krawallnudel da – ich merke mich den Namen ja mit Absicht nich.

Manche, wenn die singen tun, da drippt der Schmalz ausn Lautsprecher. Aber wehe, und man soacht was da drübber, denn wird man bloß janz bedauerlich anjekuckt. Neulich hab ich deutlich jehört, wie eener hinter mein'n Rücken jesoacht hat: „Horch dich bloß disn Grufti an!" Na, nu ma ehrlich, Leute, Grufti, so alt sinn wer ja nu doch noch nich, oder? Aber wenn schon der eijene Junge meent, daß eener mit dreißich doch schon en Opa is, na, was wolln da wir noch soaren, wa? Ist das een Wunder, wenn denn eener mit Fuffzich de Welt nich mehr verstehn tut?

Na ja, soll es sein wie's will, ich stopp mich de Ohren zu, jeh meine Weje und denk mich mein Teil. Machen kann unsereens doch sowieso nischt, oder?

Kraftverkehrtes

Also mit die Autos jetze, das is doch reene doll. Der Verkehr macht een'n langsam rammdeesich, die verstoppten Straßen, also, zu bestimmte Stunden, da jeht das an jewisse Stellen balle gar nicht mehr. Da steckt man denn mit den Bus innen Stau über drei Kreuzungen wech. Na ja, man könnte natürlich aussteijen und zu Fuß jehn; aber so eilich hat man's ja nu ooch widder nich, wa?

Na, und die Parkplätze, hörn Se uff! Bei uns vors Haus da kloppen se sich um die Löcher, na und wenn denn noch so eener kommt wie mein Nachbar, der Sockentrolli. Wenn der in die Lücke inparken tut, das jeht bei den bloß nachs Jehör. Een Ruck nach vorne, een Ruck nach hinten, rums, rums, und denn steht der. Nu will den sein Sohn ja ooch nochn Auto ham. Da kann der denn bei Vatern uff Huckepack parken.

Überhaupt, die Leute mit ihre Autos, eens poplijer wies andre. Der von jejenüber, wenn der in seine Nobelkiste drinne sitzt, da sieht der keen'n Menschen mehr. Ich soare zu Helja: „Kuck ma da, kennste den? Stolz wie Hujo!"

„Na, und ob", meent se. „Früher da hat der Heringe breitjekloppt und als Flundern vorrkooft, und seine Leute zu Hause ham unterdes Klimmzüje annen Tischkasten jemacht."

Sehnse, so jeht das mit die Entwicklung, Sie. Na, ich warte bloß uff den Tach, wo überall 'n Auto stehn tut, und keener hat mehr Platz fors Fahrn. Das kommt noch so, wetten?

Umwelteinflüsse

Jestern kam der junge Seifert bei uns vorbei und hat da for irjendwas jesammelt. Kann Sie soaren, der war widder jekämmt wie son Hofbesen, ehrlich. Und denn hat der uns was vorjestottert, als hätte der selber nich jewußt, was er eijentlich jewollt hat. Der war schon immer'n selten dämlicher Hund jewesen. Damals, in de Schule, da sollten die Kinder forn Maiumzuch Plakate maln und denn da rumschleppen. Da kam der kleene Seifert mit eens an, da druff stand: „Korea den Koreanern – Indien den Indianern!"

Na ja, manch eener hat schon Maler wern wolln, hats aber bloß bis zum Pinsel jeschafft. Dabei is den sein Vater doch son patenter Mensch, alles was recht is, uff den alten Seifert laß ich nisch komm, Sie. Nach den is der Junge jar nich jeraten. Na ja, wird'n Kind sein'n Vater ähnlich, denn warn das Erbanlagen, jerät er aber nachn Nachbarn, denn warn's Umwelteinflüsse. Kenn Se doch, oder?

Wenichstens versteht der sich uffs Nisch-Machen, das will ooch jekonnt sein, Sie. Arbeet kann man vortäuschen, aber faul – das muß man sinn. Nu macht mich aber keenen Quatsch und erzählt das nich alles den Ollen widder, sonst kuckt der mich nich mehr an, und das will man ja nu ooch nich, wa?

Eener is widder unter

Mein Schwoarer Arnst is jetz widder ins Büro. Mann, is der froh da drüber. Kann man ja vorrstehn, wenn eener so lange in die Warteschleife rumjehangen hat und sich nich trauen konnte, Jeld auszujeem. Und jeizich war der ja schon immer. Ja, der lacht sojar uff Kosten von andre Leute. Aber der hat ooch immer sein'n Stolz jehabt, Sie. Habe ich den mal draußen vor meine Stammkneipe jetroffen undn jefroacht: „Na? Warum jehste denn nich rin? Haste keen Jeld?"

Hat der doch jemeent: „Jeld schon, aber keenen Durscht."

Sehn Se, das is tragisch, wa? Na, ich bin ja nich so, ich hab den denn injeladen, und er hat ooch nich nee jesoacht. Ist ja kloar wa?

Den richtijen Hintern forn Schreibtischsessel hat der ja schon immer jahabt. Na ja, wem Gott ein Amt jibt, dem jibt er ooch Sitzfleisch, wa? Und Büroleute, die wissen doch ganz jenau, wo der Arsch hinjehört, könnse gloom.

Wie der jünger war, da hat der doch reiten lern wolln, der war da in son Klub, da ham wer den mal sonntachs bejrüßt. Na, was soll ich Sie soaren, das hättnse sehn solln, der saß uffs Pferd wien Stücke Butter uff ner heißen Kartoffel. Er hat dann ooch nich lange durchjehalten.

Na, und nu sitzt er also widder ins Büro. Ich bin ja jespannt, wie das da mit den jehn wird. Unjeleechte Eier ham ihre Musik immer noch vor sich. Wissen Se doch, oder?

Een Trost: Keener wird jünger

Wissen Se, die junge Frau, die mich immer de Haare schneidet, das is ja ne sehr höflije Person. Die wird sich hüten, een'n zu soaren, daß man mit sein'n Pattkopp ruhich öfter ma komm könnte – oder daß se balle mehr Jeld fors Suchen als wie fors Schneiden vorrlangen müßte. So is die nich, Sie; se hat aber doch vorsichtich anjedeutet, daß es bei mich ganz oom nu ooch schon recht dünne wird. Meine Helja drückt das direkter aus, die nennt das mein'n Bubikopp mit Fliejenpiste.

Ja, ja, nich die Joahre vorrjehn, sondern wir. Nu macht mich aber keen'n Quatsch und jrämt euch deswejen. Das is nu ma so. Ville fangen aus den Jrund ja es Saufen an, aber das hat ooch keen'n Zweck; denn in Schnaps sinn schon mehr Leute vorrsoffen als wie in de Elbe, wa?

Mein Freund Willem is ooch so eener, barmt und barmt in eene Tour wech. Ich soare: „Du olle Matzbläke, was solln das? Willste ewich jung bleim, und alles andre um dich rum wird älter? Das macht doch och keenen Spaß."

Da hat der dumm jekuckt und zum Trost gleich noch een'n jenomm. Nu machen Se ma was mit den, das is doch der reinste Schnapskiller. Das Schönste bei den is ja, der macht sich'n Kopp, daß er alt wird, und dorbei war der schon immer so, der hat das bloß nich jemerkt jehabt. Ich troare das mit Würde, und sehn Se ma, Helja wird ja jenau so schnell alt neem mich wie ich neem sie – na, wenn das keen Trost is, wa?

Der Spaßvogel

Also, mein oller Freund Heinz, das is ne Marke, Sie. Den müßten Se kennlern'n. Schon in die Schule hat der die Lehrer uffn Arm jenomm, also, das gloom Se nich. Inzwischen is der nu ooch schon balle Opa, aber immer noch derselbe Witzbold wie damals.

Neulich hab ichn jetroffen, da stand der annen Breiten Weech und hat jelacht. „Na?", hab ich'n jefroacht, „'n neuer Witz?"

„Nee", meent er, „aber ich hab heute widder die Leute jeschockt, das war richtich scheen."

„Tatsache? Erzähl doch mal."

„Paß uff", soacht er, „ich hab mich da hinjestellt, wo früher der große Intershop jewesen is, an die Arschbackenallee, du weeßt schon. Alle, die anjekomm sinn, hab ich jefroacht: ‚Soarense mal, wo isn hier der Intershop jebliem?' Die ham mitn Kopp jeschüttelt und jesoacht: ‚Intershop? Wo leem wer denn? Den jibts doch schon lange nich mehr."

„Und? Weiter?"

„Denn hab ich jesoacht: ‚Mann, was mach ich denn jetze? Ich hab noch'n poar Westmark.'"

„Ist ja ne Wucht. Und?"

„Du gloobst ja nich, wie blöde die aus die Wäsche jekuckt ham. Etliche ham jeschimpft. Na ja, manche ham ooch joar keen'n Humor, die nehm'n een alles krumm."

Sehnse, so is Heinz. Aber nu ma ehrlich, was hättn Sie denn den jeantwortet?

Unsichre Zeiten

Man muß ja jetz höllsch uffpassen, Sie. Unsern Nachbar, den ollen Paul Wendtland, den ham se neulich es aamds uff die Straße es Portmonnaie abjenomm. Einfach so. Es warn ja bloß noch achtunddreißich Mark drinne jewesen, wie er soacht, aber ärjerlich is sowas doch. Dabei kann der von Jlück reden, daß die den nich noch eene übern Deetz jegeem ham. Jetz is doch bei uns alles mööchlich.

Nee, also ich jeh es aamds schon jar nich mehr jerne raus, Sie. Was mein Freund Oskar is, der lernt deswejen nu schon in so'n Klub Karate. Das is was. Da kann man Ziejelsteine zertrümmern und is so gejen jeden Angriff jewappnet, wie er soacht. Na ja, bloß ich froare mich, wann wird man schon mal vonnen Ziejelstein vorrfolcht, wa?

Wenn wir aus die Kneipe komm, denn jehn wer jetz immer innen ganzen Trupp, da traun sich die Ganoven doch nich so ran, wa? Und denn singen wer uns feste Mut an. Neulich ooch, es war noch gar nich so späde, halb zehn, oder halb viere. Jedenfalls hat sich eener uffjereecht, weil wer jesungen ham, und der hat beis offne Fenster jeschlafen. Ich hab zu ne jesoacht: „Singen inne Nacht, das is wie sonne Alarmanlage, wenn die losheulen tut, denn hauen die schweren Jungs von alleene ab. Nu sinn Se doch froh, daß wir die Kerle for Sie mit vorrtreim tun!"

Der hat keen Wort mehr jesoacht, Sie.

Manche drehen Zicken!

Willi und Karl, das sind immer noch zwee unzertrennliche Kumpels. Als Kinder schon warn das so richtije Matzbläken, die ham wer bloß die beeden Elbröwer jenannt, weil wer immerzu über se jelacht ham in de Schule. Und so sind die beeden ooch jebliem bis heute. Froacht nich, was die schon for Zicken jedreht ham. Mann oh Mann.

Sind wer mal es Abends innen Bus jestiejen, proppenvoll die Kiste. Willi und Karl wollten nu beede unbedingt 'n Sitzplatz kriejen. Da ham die sich doch so vor ne Bank hinjestellt, ham jerülpst und jewürcht, wie wenn se kurz vors Kotzen jewesen wären. Bauz, warn die Plätze vor se leer. Ja, so sind die beede, Ehrenwort, Sie!

Wie wer noch volkseijen jewesen sind, da ham die bei unsre Betriebsfeier sechs mal vons kalte Büffeh jefressen. Ich hab das jesehn, Sie, und se jefroacht: „Schämt ihr euch denn jar nich? Das fällt doch ooch die andern uff!"

Meent Willi: „Nee, wieso denn? Wir soaren doch jedesmal, es weer for dich!"

Sehnse, so sind die, und ich hab mich jewundert, warum mich die janzen Kollejen immerzu so komisch anjekuckt ham. Vor die beede is keener sicher, Sie.

Schpoarsamkeit

Beis Uffräumen hab ich doch neulich noch'n olles Plakat von uns ausn Betrieb jefunden. Wissen Se, was da druff stand? „Spare mit jedem Gramm Material!" Jut, wa? Ich hab lachen müssen; denn damals ham wer den Spruch erjänzt mit: „Nach Feierabend kannste's gut jebrauchen." – Ach, waren das noch Zeiten, wa? Ma ehrlich, wie kommt man denn heute noch kostenlos zu ner Jartenlaube? Sehnse?

Ich hab da drüber mit mein'n Nachbar jeredet, er meent, heute muß man eemt mehr arbeeten. Ooch ne Ansicht, wa?

Ville arbeeten ja heute wie die Irren, damit se sich'n Leem leisten könn, was denen denn jar keenen Spaß machen tut. Mein Schwoarer is ooch so eener, Sie, aber obs de den was soachst oder nich, der hat'n Jemüt wie ne Jefriertruhe. Der rackert sich ab for sein' neuen Chef, Sie, und das is ooch so eener. Wenn de den de Hand jibst, da nimmt der jeden Finger einzeln, ehrlich, Sie!

„Spare mit jedem Gramm Material!" Also ich muß richtich lachen. Mit die Minute ham wer ja damals ooch sparen solln. Das is nu alles vorbei. Bei uns da reißen se jetz es dritte Mal hinternander de Straße uff, ob Ses gloom oder nich. Erst Jas, denn Abwasser und nu Telefon, jeder fängt widder jenau noch mal von vorne an, Kosten spieln keene Rolle nich, de Anliejer bezahln's ja, und wenn se schwarz weern. Nu weeß ich gar nich, soll ich das Plakat uffheem oder mit die olln Zeitungen abjeem? Was meen'n denn Sie, hä?

Vorsicht, Bazilln!

Also, mit die Erkältungen hat man doch immer widder sein'n Ärger, wa? Seit die vorichte Woche blaffe ich wie son Köter, und die Neese is ooch komplett dichte. Man soll sich eemt, ooch wenn man bloß ma so rausjeht, orntlich was anziehn. Ich bin es aamds eben noch mal so an die Ecke nachn Zijarettenautomaten jeloofen, und es warn schon zwee Grad unter Celsius, Sie. Da hat's mich orwischt. Froaren Se nich!

Wissense, ohne die guten Ratschläje von die Mitmenschen weer son Schnuppen ja halb so schlimm, awer jeder weeß was Bessres und zwingt's eenen förmlich uff. Man is so nett und probiert's aus, und ans Ende is man denn mehr jeschafft wie zuvor, weil der Körper zusätzlich die janzen Arzneimittel zu verkraften hat. Das hält eemt der steilste Orjanismus uff de Dauer nich durch

Meine Helja hat mich Tee jekocht, so Kräuter, Bahndamm dritter Hieb, hörn se bloß uff! Ich steh ja mehr uff EKG. Kenn Se nich? Enzian, Konnjack, Grog, das schläächt immer widder an, könn Se mich gloom, Sie!

Na ja, hilft alles nischt, nu muß ich erst mal widder durch sinn, wa? Jehn Se bloß nich so dichte an mein Jeschreibe ran, Sie, sonst kriejen Se ooch noch was von ab. Bazilln sinn tücksch, das wissen Se doch, oder?

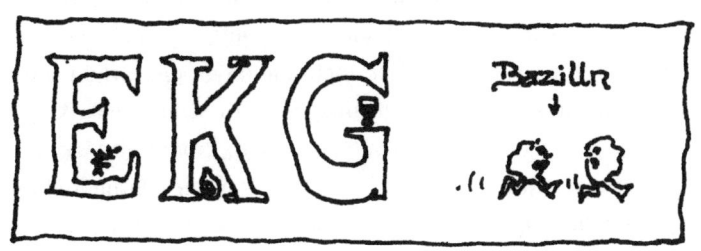

Dropp wecke!

Also, Leute, jestern habt er was vorrpaßt. Da ham sich doch unten bei uns vorn Bürjerbräu wecke jepelzt, also alles, wat recht is. Jungejunge, is das rund jegangen! Ich hab richtich bedauert, daß ich mit die da nischt zu tun jehabt habe.

Früher war ich bei sowas ja immer mittnmang jewesen, froaren Se nich! Wir warn ne Truppe, Sie. Kutti, unser Anführer vornewech, allemann rin, wo Tanz jewesen is. Kutti hat sich uffs Parkett jestellt und jeprahlt: „Musik, oder ick kack innen Saal!" Wirklich, Sie, das war den sein Schlachtruf jewesen, na, und wenn den denn eener dumm jekomm is, denn hat es jeheißen: „Dropp wecke!" Und denn jing das rund, Sie, denn wurde das aber herzhaft, kann ich Sie soaren.

Na ja, wenn man denn älter wird, denn kühlt sich das ab, denn kuckt man bei sowas bloß noch zu. Aber manchmal, ehrlich Sie, manchmal juckt ooch ne olle Faust un würde janz jerne widder mitmischen. Die heute vorrtroaren ja nich mehr so ville, ich weeß ooch nich. Jestern mußte mit tatütata es Krankenauto komm. Zwe'e ham se injeladen, dorbei sahn die noch jar nich so nach Rettungsstation aus. Na ja, die inne Klinik wolln ja ooch immer widder was zu tun ham, wenn Nachtschicht is, und die Pollezei will ihre Protokolle schreim.

Also denn, Leute, dropp wecke!

Ooch abjewickelt

Looft mich doch Willi Maier innen Weech. Wissen Se, das is der, der früher immer die Zettels ausjejeemn hat, wenn Wahl war. „Mann, Willi", soare ich, „du bist ja so dünne jeworden."

„Na ja", meent er, „mick ham se ja ooch abjewickelt. Das is wie bei de Frau, wenn se stricken tut, weeßte? Die Wolle wird denn ooch immer wenjer, wa?"

„Warst du nich bei die Behörde?", hab ich'n jefroacht.

„Ja", meent er. „Wir sollten die Fehler ausbüjeln, die die vor uns jemacht ham; aber es hat sich widder mal jezeicht, daß es einfacher is, neue Fehler zu machen als wie alte auszubüjeln."

„Und nu machste uff arbeetslos?"

„Mich is's eens", soachter. „Es Schlimmste is bloß, daß een'n die alten Freunde nich mehr ankucken tun, wenn de kee'n mehr ausjeem kannst. Sojar Fritze, weeßte, und von den krieje ick sojar noch zwanzich Mark."

„Haste dich denn noch nich nach was Neues umjeseh'n?"

„Na ja, bei uns draußen in die Schweinemästerei, weeßte? Aber mick is nich anne Wieje jesungen worden, daß ick mal Schweinemist karren muß."

„Na, das is ooch nich jrade 'n Text for'n Wiejenlied, oder?"

Der hat mich anjekuckt wie'n Auto. Na ja, leid jetan hat er mich denn doch, denn bin ich eemt mit ne noch an die Bierbude jegangen und hab'n een'n ausjejeem. Der soll nich schlecht über mich sawwern.

Der Champion

Es is doch immer widder traurich, wenn man sehen tut, was so aus manche Menschen jeworden is. Vor paar Tage jeht eener vor mich mit'n Stock. Mann, hab ich jedacht, der Alte, der kommt aber ooch schwer vorwärts mit seine Beene. Wie ich rankomme, war das doch Paul jewesen, und den ham wer früher alle bewundert. Den müssen Se doch ooch noch kenn. In de Schule war ja nischt mit den losjewesen, aber bein Sport, da war das immer 'n absolutes As.

„Mensch, Paul", hab ich jesoacht. „Was is denn mit dich los, alter Junge? Du als son oller Sportsmann und jetz mit'n Stock und so. Unfall? Oder was?"

„Nee", soachter. „Das nich. Awer was willste machen, ich bin janz ausn Träning raus, weeßte. Es is eemt nischt, wenn man alt wird."

„Mann, du warst immer Spitze mit deine Beene. Wie ham wer dich immer anjefeuert, und nu?"

Der is richtich uffjeblüht, kann ich Sie soaren. „Ja", meent er, „ich war der Champignon von unsern Verein, ich war ne Konifere. Aber wie ich denn den Hibiskus ins Knie jekricht hab, da war's mitnmal alle."

Ja, sehnse, so is das nu. Hätt er lieber 'n bißchen wenijer trainiert und dafor in die Schule besser uffjepaßt, oder? Aber hinterher is man eemt immer schlauer als wie vornewech, wa?

'n Korb jekricht

Sitze ich uff die Bank neem die Telefonzelle, kommt die junge Frau Winterscheid vorbei, ein süßes Stück, kann ich Sie soaren. Ich hab'n Kopp jar nich widder wechjekricht. Se jeht rin beis Telefon und steckt es Jeld rin. Wen se woll anrufen tut, hab ich jedacht. Wie se nach ne Weile rauskommt, sieht se richtich ärjerlich aus, bleibt stehen und kuckt sich um. Ich bin jleich hinjesprungen. „Kann ich Sie helfen?", hab ich jefroacht.

„Ach dieses Telefon", schimpft se. „Dauernd machen die neue Nummern, nich ma de Auskunft kricht man, andauernd besetzt, und bei die andern tütata, kein Anschluß unter dieser Nummer."

„Kennich, kenn ich", soare ich. „Na, da weer ich Sie woll ma helfen müssen." Ich hab ooch ne Weile jekurbelt und denn uffnmal, Ehrenwort, Leute da hat's denn doch noch jeklappt.

„Wie kann ich das bloß wieder gut machen?" froacht se.

Na, da hab ich mich aber in de Brust jeschmissen, Sie. „Vielleicht jehn se mal mit mich aus", hab ich jesoacht und so mit een Ooge jeplinkert.

Was soll ich Sie soaren. Kuckt die mich doch so von oom bis unten hin an, feixt und meent: „Na, blamiern könn Se sich doch woll auch zu Hause, oder?" Und jeht einfach so wech.

Das hat man nu von seine Hilfsbereitschaft, wa?

Fritze läßt sich Zeit

Wissen Se, manche Leute sinn langsam, sowas Langsames jibt's gar nich. Bei uns um de Ecke rum, Fritze Kuhnke, das is ooch so eener, den könn Se vorjessen, den könn Se in'n Skat drücken. Sowas Maulfaules, ooch beis Essen. Wenn man den was zukuckt, der kaut jede Viertelstunden eenmal.

Ich hab den mal jefroacht, warum der sich keen Beispiel an sein'n Vater und sein'n Opa neem tut; das warn zwe'e, Sie, immer flink weg, die sind mehr jerannt wie jeloofen damals. Wissen Se, was der mich jeantwort't hat?

„Damals hat'n wer nochn Kaiser, und der is denn abjehauen nach Westen."

Awer velleicht liecht das da dran, daß Fritze zu früh jeborn is. Der wooch bloß zweenhalb Pfund. Was war'n das? Ne Tüte Zucker, und jetze? So ville zeicht keene Waage, Sie. Na, mich is eens.

Vor Jahre hab ich den mal beis Baden zujekuckt. Der hat bloß faul ins Wasser uffn Rücken jelejen, Zijarre ins Maul. Die Leute müssen jedacht ham, es kommt 'n Dampfer.

Manche brummeln eemt

Hab ich Otton jetroffen. Sie kenn doch Otton, mit den ich mal bei Fahlberchs jewesen bin? Na, was soll ich Sie soaren, der ging janz krumm. „Was is denn mit dich los?", hab ichn jefroacht.

„Ach, heer uff", meent er, „mich jeht's jar nich jut. Immer mit das verflixte Rheuma. Ich komme jrade von die Massaje. Kann dich soaren, die Masseuse, die schläächt dich de Rippen jrade."

„Und wie jeht's Junda?", hab ich jefroacht.

„Ach, heer uff", meent er. „Mit die, das is ooch nich mehr es Jelbe vons Ei. Et reinste Fäjefeuer."

„Aber ihr wart doch immer beede wie de Turteltauben."

„Ich würde se zu ville schnarchen, soacht se. Dorbei schnarch ich jar nich, ich schlafe bloß 'n bißchen lauter, weeßte?"

„Koof se doch mal was in de Ohren zu stoppen", hab ich'n jeraten.

„Ach, immer koofen, immer koofen. Ich hab keen Jeld, und denn koofen."

„Na, arbeetst du denn nich?"

Das Jesichte hättn se sehn solln. „Arbeeten, arbeeten", soacht er. „Den Kerl, der de Arbeet erfunden hat, den müßte man doch stundenlang uff de Fresse kloppen."

Denn is er abjezogen mit sein krummes Kreuze. Ja, manch eener sieht de Welt nich vor lauter Gnatz.

Jewaltich was los

Wir ham Besuch vons Land jehabt. Die warn wejen Heljan ihr Jeburtstach jekomm, alte Bekannte, se ham uns eijenes Jemüse ausn Jarten mitjebracht. Vorjestern warn wir nu mal widder bei die draußen. Gejeneinladung, wissense?

Na hörn se, die Leute uffs Dorf, die leem doch wie in ne andre Welt. Keene Straßenbahn fährt vors Haus vorbei, die wissen ooch nich, was forn Vorrgnüjen das macht, 'n freien Parkplatz zu suchen, na und wenn die ma sollten vorjessen ham, sich was forn Urlaub zu besorjen, denn setzen die sich hinters Haus in de Sonne, und das langt dann ooch zu.

Und denn die Luft: Gülle – Gülle – Gülle! Haach, das riecht man bei Vorbeifahren ins zue Auto; awer von irjendwas muß ja das Zeuch bei die wachsen, wa? Soweit janz scheen, aber sonst? Ich soare zu den: „Hier würde mich, doch glatt de Decke uffn Kopp fallen, so'n stinklangweilijes Nest."

„Was?", meent der. „Langweilich? Mann! Hier jibts 'n Kejelklub, innen Sommer war Volksfest, und inne vorichte Woche hatten wer sojar ne Mondfinsternis."

Sehnse, ooch da is ans Ende for alles jesorcht.

Ne kleene Mahnung

Also, ich weeß nich, was manche Kerle so über ihre Weiber rumzumosern ham. Ich meene, bei Heljan is ja der Lack ooch schon runter, aber das jeht die doch nich bloß alleene so. Ich weer doch ooch nich scheener, oder?

Fritze Lehmann, das is ooch so eener, Sie. Mit nischt zufrieden, aber zu Hause de Beene uffn Hocker und denn: Olle komm – Und denn in die Kneipe schlecht über se reden, das ham wer jerne. Meent der doch: „Weeßte, meine Frau – bloß noch ihr olles Fernsehn hat se in'n Kopp. Die hat schon einen richtijen Mattscheibenblick, oculus televisionaris, wie wir ollen Lateiner soaren."

Haach, zweemal sitzenjebliem und denn von wejen wir ollen Lateiner! Ich soare: „Du mußt dochn Brummer untern Pony ham, so ne adrette, freundliche Frau wie deine."

„Adrett?", prahlt der los. „Wie'n onduliertes Karnickel sieht se aus. Ja, vor zehn Jahre, da, war das noch anders; aber nu is se ja inzwischen drei Jahre älter, wa?"

Nu soaren Se mal selber, was soll man so een'n noch antworten? Ich bin stille nach Hause jeloofen und hab mich jesoacht: Die Menschen machen sich ihre Freuden und Sorjen ganz alleene, und keener von uns is ohne Fehler, da dran sollte mancher öfter mal denken und nich bloß immer über andre herziehen, oder was meen'n Se?

Kurti weeß Bescheid

Wissen Se, was mein alter Freund Kurti is, der macht das richtich, der looft überall hin, wo was jeboten wird. Na ja, wenn Se den seine Frau kenn würden, da hätten Se ooch keene Lust, jeden Aamd neem die vor de Röhre zu sitzen. Nich etwa, daß Kurti säuft oder so, nee, das jar nich, der vorrträächt doch nischt mit sein'n schwachen Magen. Der hört sich einfach alles an, was so in der Stadt jeboten wird an Vorträje und sowas. Drum weeß der ja ooch über alles Bescheid, Sie.

Hab ichn doch neulich irjendwo draußen beis Spazierenjehn jetroffen. Er stand da und hat sich lauter große Steine anjesehen, die da rumliejen. „Mann, hab ich jesoacht, das sind ja wirklich Dinger, du. Wie sind die bloß hierherjekommen?"

„Von die Eiszeit", hat er jesoacht, „die ham die Gletscher mitjebracht."

„Was? Gletscher? Was du alles weeßt. Und wo sinn die Gletscher jetz?"

„Na, unterwejens", meent er, „neue Schteene holen."

„Ach, warst woll widder bei son Vortrach da drüber?"

„Nee", soachter, „jestern war dochn Vortrach jejens Roochen."

„Jejens Roochen? Du, saach ma, war der Reforent son kleener Dicker?"

„Weeß ich nich. Ich konnte den nich so jenau sehn. Bei die Vorträje wird doch immer so ville jeroocht, woa?"

Nu weeß ich nich, soll ich das jloom, oder will der mich bloß uffn Arm nehmen?

Arbeeten oder feiern?

Jestern hab ich Kurtin jetroffen, der macht widder mal krank. Der soacht ooch immer: Lieber krank feiern als wie jesund arbeeten. Ich froare: „Na, Kurti? Wie jeht's denn?"

„Ach", meent er, „dreckich wäre jeprahlt."

„Wieso denn?", froare ich.

„Ach", soacht er, „Montach soll ich widder arbeeten und fühle mich jar nich. Weeßte, wer die Vorschriften beis Krankschreim erfunden hat, den müßte man doch tagelang in de Fresse hauen, oder?"

Sehn Se, so is Kurti. Der war schon immer so'n schlappes Jerät. Ich weeß noch, wie der mich mal erklärt hat, wie man's machen muß: „Man muß was finden, was sich schwer kontrollieren läßt", meent er. „Rheuma is jut. Da müssen se dich erst mal beweisen, daß das nich so is. Wenn ich soare: Da tut's weh! – Will der behaupten, da tut's nich weh? Na, also! Der verschreibt mich erst mal ne Inreibung, na und Inreibung is immer jut, man tut nach Behandlung stinken. Bei Rheuma kannste ooch noch'n Jarten umjroam und Beeme vorrschneiden. Bewejung in frische Luft soll ja jesund sein, wa?"

Sehn Se, so is Kurti. Und ich Affe jehöre immer zu die Leute, die, wenn se richtich krank sind, doch noch na de Arbeit jehn.

HIER RUHT EIN SIMULANT Er hatte es übertrieben

Mit's Auto oder mit's Rad

Nu wird's ja draußen widder schön, und man kann seine dicken Klamotten wechhängen. Ich hab ja immer 'n bißchen mit meine Natur zu tun. Wissen se, ich bin manchmal so frühjahrsmüde, daß mich nich ma mehr de Oogen ganz zufalln.

Ich hab ja nu ooch mein olln Drahtesel wieder ausn Stall jeholt und reene jemacht. Mit's Rad fahren, das soll ja jesund sinn, und der Bauch jeht wech – ja, bloß de Ohren wern jrößer, aber das is ja zu verkraften, nich? Nu jibts ja so wekke, die wolln bloß noch mit's Auto rumkutschen. For's Fahrrad sinn die doch schon viel zu vornehm, Sie. Ja, das macht alles der Wohlstand. Se wissen doch woll, was das is, Wohlstand, oder? Also, passen Se mal uff, Wohlstand is, wenn sich eener mit jepumptes Jeld Zeuch kooft, was er eijentlich jar nich brauchen tut, bloß um damit Leute zu imponiern, die der nich leiden kann. Sehnse! Und das wär mich viel zu umständlich, ich fahre lieber mit's Rad.

Man kann ja ooch zu Fuß loofen; aber bei die villen Autos, die es jetze so jibbt, da wär mich das viel zu jefährlich. Hörn Se bloß uff, Sie! For manch einen, der so draußen bei uns mit sein'n Auto rumflitzen tut, jibts woll bloß noch zwee Sorten Fußjänger, entweder janz schnelle oder tote. Und mich da'n Tod holen und denn es ganze Leem lang'n Krüppel? Nee, da dank ich, das is doch ooch nischt, oder?

Silvester mit Damen

Ab und zu treff ich mal Ejon, meinen alten Bekannten aus die Eisenbahnerkapelle. Ach, wie war das scheen, wenn wir ins Klubhaus zum Schwoofen jegangen sind, und Ejon hat mit seine Kumpels Musik jemacht. Da ham wer denn immer jescherbelt bis zum Umfalln. Mitunter ham se die Paare abklingeln müssen, weil gar nich alle mit eenmal uff die Tanzfläche jepaßt ham.

Da fällt mich doch een Silvester in. Uffs Plakat stand: „Es spielt die Damenkapelle Rheingold." Na, da warn wer velleicht neujierig jewesen, was da woll für Mädels ankomm und was die for Musik machen würden. Denn gab's ne Riesenlacherei; denn das war natürlich Ejon mit seine Eisenbahner jewesen. Todschick hatten die sich jemacht, alle inne Wäsche und in Kleeder von ihre Frauen. Na, das jab ne Stimmung, Sie.

Später, wie ich denn mal rauskomme, steht Ejon uffn Jang un is janz blaß. Der mußte mal un hat nich jewußt, ob er nu bei die Männer oder die Frauen inne Türe rinjehn sollte. Immer wenn der irjendwo in seine Uffmachung anjekomm is, ham se drinne losjebrüllt: „Raus, raus!"

Neulich hab ich'n mal da dran erinnert, da soacht er doch: „Weeßte, du, ich hab in mein janzes Leem nich so jefroren wie in diese Nacht in die Weiberklamotten. Wir sind doch so mit die Straßenbahn jefahren – un denn die dünne Unterwäsche. Nee, daß die Frauen das so aushalten tun."

Noch was forn Abschied

Se wern woll schon langsam denken, na nu is awer balle jenuch mit den, woa? Ich weeß, ich weeß, ich hör ja ooch schon uff. Ich will nu bloß hoffen, daß alle diejenichten, von die ich euch hier was vorjetragen habe, mich nich von nu an jram sind. Wissense, nischt is doch schlimmer, als wie wenn een'n de Leute nich ankucken tun und man sein Bier immer alleene saufen muß. Ich kenne ooch so wecke, die soaren, daß se das weh tut, wenn se immer„mich" statts „mir" lesen müssen und manches woll doch 'n bißchen zu sehr nach Sudenburjer oder Buckauer Hinterhof klingen tut; awer ich kann das nu ma nich ändern, ich habe dise Schproache nich orfunden. Könn Se gloom.

Ich soare immer, nehm Se alles nich janz so ernst, ooch mich nich. Ich halte mich joar nich for so wichtich, müssen Se wissen. Ich will mein'n Spoaß ham, weiter nischt, und das sollten Se ooch tun. Es Leem is doch woll schon von janz alleene ernst jenuch, oder? Na, sehn se! Also lassen se ma widder fümfe grade sinn, feixen se sich eens, und wenn Se das hier nu gar nich jefallen tut, denn nehm Se das Buch ausennander und hängen Se de Blätter uffn Lokus. Ach nee, das sind ja unsre modernen Hinderschten joar nich mehr jewohnt. Also denn lassen Se's, nehm'n Se's hin, wie es is, und wenn Se nu von mich zum Schluß mit'n kleen'n Abschiedsjruß wechjehn, denn bin ich voll zufrieden.

Macht's jut, Leute
Euer oller Martin Selber

Inhaltsverzeichnis

Niederdeutsche Mundart im
dr. ziethen verlag

Martin Selber
Ick ... un mien Bartchen
Stipsteerekens ut unse Familije in Bördeplatt
978-3-928703-01-7, 5,00 €

Schaulstunne bi Kanter Bosse
Schulgeschichten aus der Magdeburger Börde in ostfälischem Platt
978-3-932090-17-2, 5,00 €

Ursula Föllner u.a.
Untersuchungen zum Niederdeutschen in Sachsen-Anhalt (1)
978-3-928703-59-8, 2,60 €

Sprachsoziologische Untersuchungen zum Niederdeutschen in Sachsen-Anhalt (2)
978-3-932090-52-3, 2,60 €

Zum Status des Niederdeutschen in Sachsen-Anhalt – Kontinuität und Wandel in Vergangenheit und Gegenwart (3)
978-3-932090-88-2, 2,60 €

Hermann Vocke
Darpvortellejen
Niederdeutsche Dorfgeschichten
978-3-932090-45-5, 7,60 €

Schriftenreihe des Ostfälischen Instituts der DEUREGIO Ostfalen e.V.

Nie wedder Wiehnachtsstreß
978-3-928703-54-3, 5,00 €

Kinner, Kinner. Niederdeutsche Kindheitsgeschichten
978-3-928703-78-9, 5,00 €

Liebe, Liebe. Niederdeutsche Liebesgeschichten
978-3-932090-08-0, 5,00 €

Et was Mord. Niederdeutsche Kriminalgeschichten
978-3-932090-24-0, 7,60 €

Miene Sprake – diene Sprake
978-3-932090-62-2, 5,00 €

Von Eten un Drinken
978-3-932090-78-3, 5,00 €

Von so wecke un sonne. Niederdeutsche Nachbarschaftsgeschichten
978-3-935358-06-4, 5,00 €

Dröme. Niederdeutsche Traumgeschichten
978-3-935358-33-0, 5,00 €

Dat is mien Sport. Niederdeutsche Sportgeschichten
978-3-935358-44-6, 5,00 €

Jubiläen
978-3-935358-73-6, 5,00 €

De Technik un ik / Nicht te glöwen
978-3-938380-31-4, 5,00 €

Ostfalen – use Heimat
978-3-938380-44-4, 5,00 €

Von grote und lütje Diere
978-3-938380-65-9, 5,00 €

Blot een paar Wööre
978-3-938380-86-4, 7,90 €

Hei un Eet
978-3-938380-86-4, 5,00 €

Ursula Föllner

Das Machdeburjer Wörterbuch

Eine Plauderei über die Sprache
unserer Stadt Magdeburg

ISBN: 978-3-938380-21-5
Preis: 10,10 €

Unter Mitarbeit von Ursula Eltzsch, Ruth Krafzik, Hannelore Märtens, Dörte Neßler, Herbert Rasenberger mit Zeichnungen von Peter Dunsch (Pedu)

Die Idee zu diesem Buch entstand während einer Reihe von Vorträgen über die Sprache Magdeburgs in der Volkshochschule dieser Stadt. Das große Interesse der Öffentlichkeit und die engagierte Mitarbeit der Teilnehmerinnen und Teilnehmer des Kurses „Machdeburjisch" machten Mut, Material zu sammeln und es in dieser Weise herauszugeben. Viele Bürgerinnen und Bürger der Stadt, auch solche, die leider nicht mehr in Magdeburg wohnen, füllten Fragebögen aus und schrieben ihre Kenntnisse über die Sprache auf. Sie vermittelten so einen lebendigen Eindruck davon, welche Wörter und Redewendungen heute noch verwendet oder gekannt werden.

Inhalt: Magdeburgisch? Machdeburjisch! / Ballertralle und Sabberack / Bötel und Eiback / Kopp und Beene / Asten und puckeln / Botten und Socken / Bimmel und Lektrische / Plättbolzen und Käseglocke / Um Achte und um Achte durch / Man kennt sich / Hüppeding und Kieselpeitsche / Dies und das / Affenvater und Flaschen-Elli / Da kannste nich meckern! / Wörterverzeichnis / Literaturverzeichnis / Die Autoren / Ein Wort zum Schluss